图说人文中国

主编 范子烨

黄金时代

图说两宋辽金

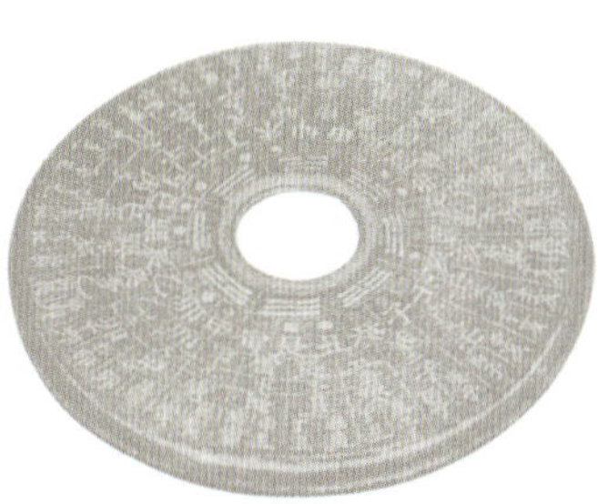

辛更儒 撰

创于1897 商务印书馆 The Commercial Press

2016年·北京

图书在版编目(CIP)数据

黄金时代:图说两宋辽金/辛更儒撰.—北京:商务印书馆,2016
(图说人文中国)
ISBN 978-7-100-12651-9

Ⅰ.①黄… Ⅱ.①辛… Ⅲ.①文化史—中国—宋代—图集 ②文化史—中国—辽金时代—图集 Ⅳ.①K240.3-64

中国版本图书馆 CIP 数据核字(2016)第 248169 号

黄金时代——图说两宋辽金
辛更儒 撰

商 务 印 书 馆 出 版
(北京王府井大街 36 号 邮政编码 100710)
商 务 印 书 馆 发 行
北京新华印刷有限公司印刷
ISBN 978-7-100-12651-9

2016 年 12 月第 1 版　　开本 787×1092 1/16
2016 年 12 月北京第 1 次印刷　　印张 12¼
定价:45.00 元

目录

导读

公元 960 年，在五代十国持续五十余年使中国陷入纷争割据之苦的动乱之后，一个崭新的封建王朝诞生，它立国时间长达三百二十年，是继汉、唐之后中国历史的一个重要时期，这就是由宋太祖建立的宋朝。公元 1127 年，崛起于北方的金朝攻占了宋朝的首都开封，颠覆了徽宗、钦宗政权，而高宗在商丘重立宋朝，此后南渡，在淮河以南立国，史称两代王朝为北宋和南宋，又称这一时期为两宋时期。

比五代的出现稍晚，公元 916 年，北方契丹族首领阿保机在今内蒙古西拉木伦河流域建立契丹国，后改国号为辽，与北宋长期对峙。在二百零九年后，辽为东北疆新兴的金朝所灭。金朝是女真族完颜部的阿骨打在会宁府所建立的又一个少数民族政权，在灭亡辽和北宋之后，存在了一百零四年，于公元 1235 年为南宋和蒙古联军灭亡，立国一百二十年。

南宋最后为蒙古族所建立的元朝所取代。元朝是中国历史上一个重要历史时期。由蒙古族凭借强大的军事力量，在横扫欧亚大陆之后所建立的元朝，实现了中国在东亚境内的完全统一。因此，现在中国的疆域，几乎可以说是在元朝建立之后成为了现实。而回过头看，宋朝和辽、金朝，在当时虽互为敌国，斗争异常激烈残酷，但经济和文化思想方面的交流与联系却从未停止。这就是中华民族的统一时期到来之前的一段分裂和割据时期。

与隋、唐的情况有所不同，两宋王朝在同北方的契丹、女真以及后来的蒙古等少数民族王朝的斗争中，经常处于下风。军事上的不振和软弱，却没有改变汉族农耕文明在同草原马背文明的较量中据有优势的格局。两宋政治制度适应严峻的内外形势务实推进变革和改革，造就了封建社会顶峰时期的完善典范，以农业、手工业为代表的经济在科技进步的推动下，持续不断地为社会生活提供较为丰厚的物质基础，货币流通、商品市场、城镇化的趋势，开创了新时代的萌芽。文化方面，两宋政权采取引导而不是压抑的开放政策，对经典的再诠释，以致理学的思想传播，科举考试的规范，引领了其后七百多年的统一中国的历史进程。宋辽金之后，中国完全进入了一个统一的历史新时期。

因而，就在这一历史时期，诸王朝之间的斗争和交流，经济之繁荣，文化之灿烂，科技之发达，思想之活跃，制度之完善，社会之安定，人物人才之辈出，不断涌现的历史事件和各类奇闻异事，都使之成为中国历史上成就最为辉煌、最引人关注的时期。境外学者和知名人士说，两宋经济文化在 10 至 13 世纪的世界舞台上代表着最高水平，这是一个激发现代中国人民族自豪感的黄金时代。

帝后篇

开创一个时代的宋太祖

宋太祖赵匡胤（927—976），河北涿州人，后周殿前都点检。公元960年正月，在陈桥驿发动政变，率军回到汴京开封，夺取后周政权，建立北宋。建国后采取“先南后北”战略，先后平定南方各国：荆湖、后蜀、南汉、南唐。为巩固政权，防止五代篡夺之祸的发生，宋太祖陆续削夺禁军将领兵权，取消殿前都副点检，稍次的高级职务由资历较低的军官担任，禁军经常轮换驻地，使“兵无常将，将无常师”。为防止宰相专权，设枢密院使掌军政，添参知政事以分担政事，以文官知地方州郡，设通判监州。后来又设三司使，收回地方财权归于三司。把全国划分十五路，每路设转运使、提点刑狱等监司，总管州郡的财赋和司法。这些举措加强了中央集权，改变了唐中期至五代以来武人跋扈、军阀割据的局面。宋太祖在位十七年，期间有建隆、乾德、开宝三年号。

五代时期的改朝换代，往往由叛乱的军队发动，一旦成功，即肆行杀戮抢劫，叫作夯市或者靖市，即便王公之家也在所难免。

宋太祖像

绢本设色 纵119厘米
横169厘米
现藏台北故宫博物院

图中，宋太祖头戴黑色直脚幞头，身着圆领长袖黄袍，腰系玉带，坐在御榻之上。身材魁梧，面容威严肃穆，显示了一代开国皇帝的雄心大志。

陈桥兵变遗址

陈桥驿遗址石碑上刻“宋太祖黄袍加身处”八字。

后唐明宗攻入洛阳，王建攻取成都，刘知远攻陷相州，郭威杀入汴京，各地都遭遇到屠杀抢掠，人民的生命财产损失极大。宋太祖陈桥兵变，约束将士不得靖市，入城之日，市不改肆，第一次实现了非暴力接管政权，北宋也赢得了民心的支持。这对于北宋陆续削平南方割据诸国，特别是后来吴越、南闽的和平归并版图起了很好的示范作用。经过五代数十年的天下纷扰，人民也拥护统一。开宝八年（975），江南国主李煜派遣徐铉请求宋朝保全江南一国，宋太祖回答道：“不须多言，江南亦有何罪？但天下一家，卧榻之侧，岂容他人酣睡乎？”这一言论，表明统一的正当性，不需要任何其他理由，被后世统治者视为至理名言。

宋太祖制定法制，强化集权，重视文治，不杀朝臣，成为宋代祖宗家法的开创者。所创的法制，后世子孙为帝者，也大都较为忠实执行。所以，整个宋代，基本上没有发生内乱，也没有爆发全国性的农民起义，在一定程度上实现了社会的稳定。太祖特别重视文治。乾德中，他在一个蜀中宫女的镜背上发现“乾德四年铸造”的字样，召问窦仪，窦仪回答：“前蜀曾用过这个年号。”太祖马上回应说：“做宰相的必须是读书人。”太祖虽是武夫出身，却极为重视和重用儒者。终宋一代，文人政治成为宋代统治的标志。

《雪夜访赵普图》（局部）

明刘俊绘 绢本设色 纵 143.2 厘米 横 75.1 厘米 现藏故宫博物院

太祖夜访赵普，询问统一天下大计。建隆二年（961）七月，宋太祖向枢密直学士赵普问国家长治久安之计，赵普回答道："方镇太重，君弱臣强。"应当"稍夺其权，制其钱谷，收其精兵，则天下自安矣"。于是召石守信、高怀德、张令铎、王审琦等禁军将领饮酒，劝谕他们释去兵权，购置良田美宅，歌儿舞女，以终天年。石、高等人遂皆申请罢去兵权。此后，又宴请节度使王彦超、武行德等人，劝其罢镇改官。于是取消殿前都副点检的职务，次一级职务由资历较浅并容易控制的武人担任，使"兵无常将，将无常师"，防范将领与士兵结成利益集团。宋太祖通过劝诱的手段，解除了禁军将领和藩镇将领的兵权，消除了武人跋扈、夺权、割据的隐患。史称"杯酒释兵权"。

继体守成宋太宗

太宗赵炅（939—997），太祖之弟，初名匡义，改光义，即位后改炅，曾参与策划陈桥兵变。宋朝建立后，知开封府，封晋王。太祖病重，传位太宗。太宗即位后奉行太祖遗制，不作改变，继续平定南方余国闽、吴越，北征平定北汉。然而两次亲征契丹，在高梁河、岐沟关均战败，遂取守势，经营河北一带防务。在位期间，宋太宗继续加强中央集权，选拔官吏，惩治贪官；制定各项制度，振兴文化事业，扩大科举取士的规模。在位二十二年，有五年号：太平兴国、雍熙、端拱、淳化、至道。勤勉俭朴，厚待文士，能听言纳谏，宋朝得以不蹈秦、隋及五代二世而亡的覆辙，太宗功不可没。所继承发扬的太祖治国方略和创建的法制，为后世并称祖宗家法。

宋太宗史称贤君。在位期间，自奉慈俭，劝课农桑；推行文教，不罪劝谏。他继续执行太祖的对内政策，有尽除全国赋税的愿望和削平天下僭垒的决心。在位期间，宋太宗完善了科举制度，确定三年一次的科举，每科录取进士由太祖时期的几十人扩大到几百人。实行封弥试卷的办法防止作弊，举行由皇帝主考的殿试以确定进士的名次，这些，都使中国的科举制度从此走向规范化。此外，太宗还主持了三部大型类书的编纂，即《太平御览》《太平广记》和《文苑英华》，成为文化史上的盛举。

宋太宗在处理继位问题上，颇有为后世史臣可议之处，如流传很广的“斧声烛影”（即宋太宗是否曾杀害宋太祖夺得皇位）、“金匮之盟”伪造继位依据等千古之谜，以及为《宋史》所指出的开宝

宋太宗像

绢本设色 纵 74.5 厘米 横 47.4 厘米 现藏台北故宫博物院

此像所画太宗，短须，神态谦谨恭敬，颇符合太宗这位太祖事业继承者谦恭而又有所作为的本分。头戴直脚幞头，着大袖淡黄袍，双手握于胸前。腰间玉装红束带，足下皂纹靴，是宋代皇帝所着公服。

八年十二月一即位就改变年号为太平兴国并逼死亲弟赵廷美，亲侄德昭、德芳等事件，等等。在对契丹的用兵上，太宗指挥或用人失当，也不无可议之处。高梁河、岐沟关两战皆败，使北宋统治者从此丧失了用武力收取燕云十六州的可能。高梁河之役，宋军自燕京城下溃败，辽人追之，太宗孤身仅得逃脱，凡行在服御宝器，尽为契丹所夺，从人宫嫔尽皆陷没。宋太宗本人腿上中了两箭，岁岁箭疮必发，其后来崩逝，竟以箭创发作所致。

女中尧舜高皇后

高皇后（1032—1093），英宗皇后，神宗之母。亳州蒙城人，太宗时步军都指挥使高琼之曾孙女，幼鞠于宫中。英宗即位，册为皇后。神宗即位，尊为皇太后。哲宗十岁继立，尊为太皇太后，权同听政。听政期间，反对新法，恢复祖宗法度，起用司马光等人，斥逐变法派朝臣。熙宁、元丰新法铲除略尽，史称元祐更化。临政九年，守纪执法。从父高遵裕西征失律，宰相蔡确请复其官，高后回答说："遵裕之败，涂炭生灵百万，先帝（指神宗）半夜得报，环榻绕行，由于惊恐，遂致崩逝。祸由遵裕，岂能复官再用？"内侄公绘等当转官，坚拒不允，外戚私恩，一概抑绝。当国期间，宇内复安。契丹主对其臣下说："勿生事于疆场，南朝已尽行仁宗之政矣。"卒谥宣仁圣烈。

在北宋历史上，高皇后不是曾经听政的唯一女主。真宗去世，仁宗年幼，真宗刘皇后垂帘听政，称制凡十一年。秉政晚期，亲近外戚，信任宦官，至死隐瞒仁宗生母李宸妃的身世，为史书所讥。仁宗曹皇后也在英宗即位之初，因英宗疾病而短暂权同处分军国政事。既有先例，故高皇后听政，并非首创，而是北宋已有的成规。但高皇后能够秉公奉法，却在北宋亲政的皇后中最为杰出不凡。

但高皇后在掌政期间所奉行的政策，也有其偏执极端的一面。她反对神宗和王安石变法，垂帘之始，即尽复旧法，重用旧党。这一决策，对新党即主张变法派的打击是不小的，以致其死后，哲宗亲政，在御史中丞邢恕的挑拨下，捏造旧党曾有废除哲宗皇

英宗高后像（局部）

绢本设色 现藏台北故宫博物院

此图所画高后，头戴九龙花钗冠，耳后两博鬓，青色褕翟衣，带绶环佩。

位另立新皇帝之谋，哲宗几乎要做出废除高后为庶人的决定，赖其母向后反对，才未能实施。而高后其实并无废立之心。这一冤案，直到南宋高宗即位后，始为高后辩诬平反。北宋后期朝政陷入无休止的新旧党争，高后实启其端，难辞其咎。能否称为女中尧舜，尚待评估。

乱政亡国却多才多艺的宋徽宗

宋徽宗赵佶（1082—1135），神宗第十一子，封端王。元符三年（1100）哲宗死，以无子，由其弟赵佶即位。徽宗执政初期颇欲有为，整顿朝纲，惩恶扬善。其后却任用奸佞，蔡京、王黼、朱勔、童贯、梁师成等邪恶之臣相继受到重用。这些人以绍述神宗为名，禁锢反对王安石变法的元祐党人，又变乱新法，崇奉道教，启立宫观，穷奢极侈，兴建土木。他们大肆搜罗江南奇花异石，在汴京建艮岳，蠹国害民，以致河北、两浙都爆发了农民起义。时值女真兴起，建立金国，乃欲借金人之力攻辽，与金国订立海上之盟，约定双方夹击辽国，以长城为分界，分头攻打辽国，待取胜后，燕云归宋，而宋朝则把送辽的岁币送与金国。然北宋军队两次攻打燕京皆大败而归，而金兵则顺利攻下燕京，北宋只能通过协商，增加岁币，取得燕、涿等六州地。金人既看到北宋的腐朽无能，遂决意南侵。宣和五年（1125），金军渡河，汴京被围。徽宗匆忙传位太子赵桓，国势遂至急遽衰败，不可挽回。靖康二年（1127），北宋被金国灭亡，徽宗父子作为俘虏被金兵裹胁北上，徽宗最终死于五国城（今哈尔滨依兰境内）。徽宗在位二十六年，有建中靖国、崇宁、大观、政和、重和、宣和六年号。

宋徽宗政治上的腐败无能，却不掩其艺术上的天才和成就。宋徽宗和五代南唐的后主李煜相似，都是治国理政的失败者，却又在

宋徽宗像

绢本设色 现藏台北故宫博物院

宋徽宗的画像，细眉秀目，微有髭须，聪慧而文雅。据说在两宋帝王中，徽宗颇具美男之称。

文学艺术领域颇多贡献。徽宗自少就能文擅诗词，喜书法，自创瘦金体。尤工绘画，多有传世之作。如《芙蓉锦鸡图》《瑞鹤图》《听琴图》等都是宋代绘画的珍品。其文人习气，风流韵事，流传久远。道士林灵素，几乎成其方外之友；妓女李师师，宛然如其红颜知己。北宋亡国后，徽宗受尽了金人的污辱虐待，在凄惨的俘虏营中，度过了近十个年头，最后死在塞外。他曾作《清明日》诗："茸母初生忍禁烟，无家对景倍凄然。帝城春色谁为主？遥指乡关涕泪涟。"南宋高宗绍兴十二年（1142），宋金议和以后，金国应允把徽宗的遗骨交还南宋安葬。但金人并未真正履行和议。据宋末人周密入元后所载，蒙古人发掘宋陵后，葬在会稽的宋徽宗陵寝中并无尸骨，仅朽木一段而已，可知金人对南宋的和议始终持欺辱态势，徽宗的遗骨说不定犹存北方的荒原之中。

苏州遗留北宋太湖石

宋徽宗于崇宁元年开始，派宦官童贯在苏州、杭州设置造作书页应奉局，制造工艺品，还搜括民间奇花异石，以纲船运至开封，供其造园享乐，以蔡京党羽朱勔主持其事。初尚少，政和中始盛，号"花石纲船"。豪夺于民，毫发不偿。坟墓之间，尽皆发掘。石巨者高广数丈，载以巨舰，挽以千夫，凿河断桥，毁堰拆闸，数月方至京师。一花费数千缗，一石费数万缗。其应奉局强取豪夺，无数人家倾家荡产，东南不堪其害，激发方腊起义。今苏州留园的冠云峰，据传即当年花石纲的遗石。

重建宋朝的宋高宗

宋高宗赵构（1107—1187），徽宗子，封康王。靖康二年（1127），金兵攻破汴京，俘虏徽宗和钦宗北去，高宗因出使于外，未被拘押北上，以天下兵马大元帅的名义受臣僚拥戴，在南京商丘即位，重建政权，史称南宋。随即南下扬州，继又渡江，建行在所于临安府（杭州）。南宋建立后，金国先后在中原建立了张邦昌的楚国和刘豫的齐国两个傀儡政权，以巩固女真人在河南、陕西的统治，同时也并未停止南侵，不断用兵江、浙、襄汉、陕西，迫使南宋在奋勇抵抗的同时，连续向金国求和。其后，高宗任用被金人派遣回国的巨奸秦桧为宰相，在与金兵屡战之际，收夺诸将兵权，杀害抗金将领岳飞。绍兴十一年（1141），与金人签订绍兴和议，向金人称臣纳币。此后十余年，始终为奸相秦桧执政时期。绍兴二十五年，秦桧死，高宗亲政。绍兴三十一年（1161），战胜南侵的金海陵帝完颜亮，旋即传位太子赵眘（即宋孝宗）。宋高宗在位三十六年，有建炎、绍兴两年号。禅让后，在太上皇位上又优游二十五年而卒。

宋高宗像

在对金关系上，宋高宗是典型的主和投降派。虽然女真军队从来没有放松对南宋的入侵和逼迫，企图一举消灭南宋政权，但即使在被金军统帅兀术追击入海三百余里的同时，高宗也不忘向金人议和。绍兴十一年的宋金和议签订，高宗上《誓表》于金国皇帝，自称“臣构言”，有“既蒙恩造，许备藩方，世世子孙，谨守臣节”

等语，自降国格为藩属。而金国也颁布《誓诏》，册立康王赵构为宋帝，这等于至此才正式承认其具备藩国的地位。丧权辱国，宋高宗实际上和五代石敬瑭甘做契丹的儿皇帝一样可耻。

在内政方面，高宗即位后，有惩于徽宗时期诸多玩物丧志、纵欲败度行为，力求改变徽宗的政策。恢复祖宗旧制，继体守文，不做重大改变。经济文化方面，南宋继续了北宋的良性发展的势头，鼓励重视农桑，农业生产和手工业、文化事业也都得到恢复和发展。但高宗虽在内外政策上继承有余，却缺乏拨乱反正的决心，不思进取。而其继承者也往往苟且偷安，以致整个南宋在内政外交方面皆忍耻偷安，无所作为。

处乱不惊的孟皇后

孟皇后（1073—1135），洺州人，宋哲宗后。元祐七年（1092）年十六岁，立为皇后。绍圣三年（1096），因宫中刘婕妤得宠，诬陷孟后以符水治其女福庆公主疾病，遂兴冤狱，孟后坐左道被废，出居瑶华宫，号华阳教主、玉清妙静仙师，刘婕妤取而代之为后。哲宗死，徽宗初政，曾诏还位，号元祐皇后，自瑶华宫还居禁中。但不久，又于徽宗崇宁初，因蔡京等人勾结刘婕妤，用谏官言，再废孟后皇后称号，重回瑶华宫居住。

靖康之变时，孟皇后因祸得福，以被废，未上金人拘禁名单，得免于同北宋后宫宗室一道北迁。张邦昌伪齐立，尊为宋太后，迎入禁中延福宫，垂帘听政。闻知康王在济州，手书告中外，以高宗嗣继大统。高宗至南京，遣人奉圭宝舆服迎之。高宗即皇帝位，孟后撤帘，被尊为元祐太后，更号隆祐太后。建炎二年（1128），御营统制苗傅、刘正彦在杭州发动叛乱，用武力逼迫高宗禅位三岁太子赵旉，以孟太后垂帘听政。史称明受之变。孟太后在政变中处乱不惊，与宰相朱胜非多方稳定苗、刘，控制局势，分化叛军党羽，派韩世忠妻梁氏驰往世忠军中，勉令韩世忠、张俊等在外军马，引兵肃清岩陛。在平定苗、刘之变中，孟太后发挥了重要作用。事平，高宗复辟，还正太后之号。建炎三年秋，金兵再次南侵，孟太后率领三省枢密院的臣僚南下洪州，被金兵自大冶追至吉州，太后乘舟

孟皇后像

绢本设色 纵 81.6 厘米 横 51.8 厘米 现藏台北故宫博物院

在这幅画像中，孟皇后并未像其他皇后画像那样头戴花钗冠、身着礼服，而是以平常妇人形象出现，挽髻，束发钗，深蓝窄袖袍，道姑装束，神态安详平静，当是其长期居住在瑶华道宫时的画像。就是这样一位屡经患难的皇室妇女，在南北宋交替之际，遭遇国家的重大事变，敢于承担天下大任，真可谓英杰不凡。

夜行至太和县，护从兵卫溃散，遂陆行至虔州，备受惊扰。后高宗遣兵迎归越州行宫。卒谥昭慈圣献。

孟后以一被废已久的弱女子，却在南宋中兴、皇室再造中发挥了特殊的作用，其坎坷一生表明，她确是南北宋之交乱世中的一位奇女子。

抵抗蒙古崇尚理学的宋理宗

宋理宗赵昀（1205—1264），初名赵与莒，为太祖十世孙，家于绍兴府。宁宗嘉定十三年（1220），太子询卒，宁宗选太祖十世孙贵和立为皇子，改名竑。宰相史弥远与皇子竑素有嫌隙，访得赵与莒入宫，改名贵诚。嘉定十七年（1224）宁宗去世。史弥远矫诏以贵诚为皇子，改名昀。勾结杨皇后，假称遗旨，立昀为皇帝，是为理宗。其后又逼死赵竑。绍定六年（1233）史弥远死，理宗亲政，史称端平更化，异年端平元年，与蒙古联兵破蔡州，金朝灭亡。继而又谋取开封、应天、河南三京，遂与蒙古交恶。三年，襄阳南北军主将作乱，降于蒙古，南宋失去了襄汉重镇。同年，蒙古军攻入成都，四川残破。嘉熙二年（1238），宋将孟珙收复襄樊。淳祐三年（1243），余玠守蜀，以制置使据守重庆，固守四川十年。开庆元年（1259），蒙古兵围鄂州，同知枢密院事贾似道受命赴援，时值蒙哥汗在四川合州军前阵亡，贾似道与忽必烈讲和，蒙古退兵。贾似道还朝任宰相，专擅朝政，国势日益危急。理宗在位四十年，与蒙古军作战近三十年，有宝庆、绍定、端平、嘉熙、淳祐、宝祐、开庆、景定八年号。

宋理宗像

绢本设色　纵 189 厘米　横 108.5 厘米　现藏台北故宫博物院

宋理宗着赭袍，束朱带，着皂纹靴，头戴幞头，鬓发皆黑，浓眉长须，目光炯炯，极为传神，应是其中年睿智有为时期的形象。

理宗在位后期，怠于政事，嗜欲好色，权移奸臣。先后信任宰相史嵩之、宦官董宋臣、谏官丁大全等奸佞专权乱政，最后导致贾似道的专擅和南宋的灭亡。

理宗崇尚理学。宝庆三年（1227），下诏表彰朱熹所注《大学》《论语》《孟子》《中庸》四书有补治道，特赠朱熹太师，封信国公。后又改封朱熹为徽国公。淳祐元年（1241），废黜王安石为万世罪人，罢其从祀孔子庙廷。进祀朱熹与周敦颐、张载、二程等北宋理学家。又加封四子为伯爵。视太学，谒孔子，亲制《道统十三赞》，宣示诸生，确立了理学在学术思想领域中的统治地位，故《宋史》称“后世有以理学复古帝王之治者，考论匡直辅翼之功，实自帝始”，谥号为理宗，十分恰当。

政治篇

敢于谏诤的包拯

宋代重视文化，尊重知识分子。宋太祖曾立誓碑，要求后世子孙不得杀士大夫和上书言事人。而宋代言官和士大夫也直言敢谏，不惜冒犯皇帝。

包拯（999—1062），字希仁，庐州合肥人，天圣进士。历任监察御史，京东、陕西、河北转运使，三司户部副使，知开封府，御史中丞，枢密副使，卒于位。其立朝刚毅，直而不挠，有岁寒之操，秉宪于朝，一屏奸邪之气，人称“关节不到，有阎罗包老”。当时人和后世人不称其名，而尊之为包公。

包拯像

故宫博物院南薰殿旧藏

包拯的形象，在元代以来的戏曲舞台上，无不以黑脸铁面示人。其实，真正的包拯画像，面目清秀，白面长须，无异于常人。脸谱化的黑包公形象，虽深入人心，却非真实。

包公墓园

包拯墓在合肥东。1973 年，合肥发掘包氏家族墓十二座，在包拯与夫人董氏合葬墓中发现遗骨以及墓志铭。包公墓铭题称“宋枢密副使赠礼部尚书孝肃包公墓铭”。1987 年，合肥重修了包公墓园和包公祠，供人们瞻仰。

庆历间，包拯任监察御史，七次上章，弹劾屡任转运使的贪官酷吏王逵，终于将他罢免。汴京当时流行“包弹”一词，“目人之有玷缺者，必曰有包弹矣”，“包弹之语遂布天下”。皇祐二年（1050），仁宗宠妃张氏的伯父张尧佐因臣僚的反对，罢三司使，仁宗厚待张尧佐，除其宣徽南院使、淮康军节度使、景灵宫使、同群牧制置使。包拯其时擢知谏院，和御史中丞王举正等台谏官连上奏章，要求“追寝尧佐过越之恩”，维护国家法制。仁宗迫于舆论，“卒夺其宣徽、景灵二使”。包拯弹劾倖臣张尧佐进职宣徽使时，直至榻前，言辞激烈，唾沫都喷溅到仁宗面上。据记载，仁宗一日将御朝，张贵妃送至殿门：“官家今日不要忘了宣徽使。”既降旨，包拯乞对，大陈其不可，反复数百言，音吐愤激，唾溅帝面，帝卒为罢之。仁宗回到内宫，张贵妃迎拜谢过。仁宗举袖拭面，曰：“中丞向前说话，直唾我面。汝只管要宣徽使，宣徽使，汝岂不知包拯是御史中丞乎？”这则记载，说包拯时任御史中丞，并不符合实际。

包拯在宋代，只是无数直言敢谏的臣僚中较为突出的一人，但在元代以后，包拯却以清官的形象活跃在小说传奇和戏曲舞台上，成为民间传统文化中的一枝奇葩。而包拯的容貌、言谈举止及广泛涉及公案故事的情节，也离历史上的包拯越来越远。唯一可信的，是包拯正直的人格。其生平事迹，已经被后人加工改编，成为人民群众期盼清明廉政的一种精神寄托。

范仲淹的庆历新政

范仲淹（989—1052），字希文，苏州吴县人。贫困力学，大中祥符进士。曾任秘阁校理，请刘太后还政，出判河中府。仁宗亲政，擢右司谏，因力谏废郭后，忤宰相吕夷简，出知睦州。后迁知开封府、饶、润、越等州。康定元年（1040）召为陕西都转运使，与韩琦同任陕西经略安抚副使，兼知陕州，负责防御西夏。入为枢密副使、参知政事，推行庆历新政。为夏竦等中伤，罢政。出知邠州兼陕西四路安抚使。

庆历间，仁宗登极已经二十余年。北宋王朝从建立到仁宗之时，周边的强敌契丹时有渝盟之举，西夏的威胁更与日俱增，而国家武备不修，豪强兼并不止，致使人民负担加重，财政困难，阶级矛盾升级。仁宗和当时统治集团中人，深有危机之感。为克服这些严重的矛盾，仁宗于庆历三年（1043），分别任范仲淹、韩琦、富弼、欧阳修等任参知政事、枢密副使和谏官，希望他们对政事

范仲淹像

此像已残，应是流传已久的家庙画像，故戴进贤冠，持笏。

有所更张。范仲淹遂适时提出了改革政事的十条举措，即明黜陟，抑侥幸，精贡举，择官长，均公田，厚农桑，修武备，减徭役，覃恩信，重命令，主要涉及人事制度及教育制度方面的改革，还包括澄清吏治、减轻民众负担以及巩固国防方面的内容。而枢密副使富弼也奏当世之务十余条及安边十三策，主要是进贤退不肖，止侥幸，去宿弊等。他们的奏疏被宋仁宗采纳，并颁布诏令，在全国范围内实行。这就是历史上的庆历新政。

庆历新政虽然并没有触及当时严重的内外矛盾问题，却仅因改善吏治的法令就触犯了贵族官僚的利益，如裁减冗官，抑制任子之恩等，在新政实施过程中，随时遇到这些权贵的反对和阻挠。这些反对者毁谤从集，诬陷实施新政者结成朋党，扰乱朝政，以致范仲淹等不安于位，先后罢去。范仲淹出使陕西、河东，富弼为河北宣抚使，韩琦、欧阳修皆罢。而新政实施不到一年，也明令废罢，唯振兴学校一事，颇见成效。

王安石变法

王安石（1021—1086），字介甫，抚州临川人。庆历二年（1042）进士，嘉祐三年（1058）提点江东刑狱，入为三司度支判官，向宋仁宗进献万字言事书，主张培养人才，变法革新，未被采纳。神宗即位，入为翰林学士兼侍讲，上《本朝百年无事札子》，进言北宋建立以来各项制度的积弊，主张改革旧制，获得神宗的认同。熙宁二年（1069）拜参知政事，设三司条例司，改制变法。明年拜中书门下平章事。七年罢相，出知江宁府。八年复相，九年再罢，出判江宁府。晚年退居江宁府钟山的半山园，元祐元年卒，年六十六。

王安石画像（局部）

这幅王安石的画像，束带着笠，神采奕奕，是其生前由著名人物画家李公麟所绘，后藏于抚州东乡的王安石后裔处，现藏江西博物馆。

由于宋神宗的大力支持，熙宁初，在新任参知政事王安石的主持下，宋廷开始了以富国富民和强兵为目标的一次政治制度的变法革新，史称王安石变法。为了适应“因天下之利以生天下之财”，摧制兼并，减免徭役，兴修水利等要求，变法从政治、经济、军事等方面展开，确定和设立了以制置三司条例司、司农寺为推行新法的行政机构，先后推行了均输法、农田水利法、青苗法、免役法、方田均税法和保甲法、将兵法等，还改革学校及科举制度，整顿军队。

王安石所推行的一系列新法，主要是要发展农业生产，达致富国的目的。如农田水利法是将各地的河流湖泊需要兴修的，按费用的多寡，由当地农户依户等出资疏浚，财力不足，可申请贷款。此法推行数年后，全国共兴修大型水利工程一万多处，灌溉土地三千多万亩。青苗法，是指每年春夏，各州县分两次贷钱给农户，使农民得以购买种子和食粮。免役法废除依户等充当州县职役的办法，改由州县募人应付差役。保甲法则是把农村住户十家编为一保，十保为一大保，十大保为一都保，每家两丁出一丁为保丁，农闲时加以训练，逐步补充招募的兵丁，增强国防力量。

王安石的新法推行了六七年后，收到了预期的效果，发展了农业生产，抑制了土地兼并现象，阶级矛盾有所缓和。但是，变法受到保守派的激烈反对。新法的推行，虽然发展了生产，一定程度上改变了北宋建国以来的贫弱局面，军事力量也有所加强，但尚未达到变法预期的目标，在王安石罢相和宋神宗死后，就被高皇后所任用的以司马光为代表的反对派所推翻。

蔡京误国

蔡京（1047—1126），字元长，兴化仙游人。熙宁进士，累知州郡，因依违于司马光、章惇等反对派和变法派之间，在徽宗即位之初，夺职居于杭州。宦官童贯为供奉官，前往杭州访求书画，蔡京与之相勾结，因其擅画，受到徽宗赏识，并被童贯推荐，辗转召用。崇宁元年（1102）拜尚书左丞，进右仆射，明年进左仆射。擢童贯领节度使，重用宦官杨戬、谭稹、梁师成等人，破坏法度。

元祐党籍碑拓片

蔡京以恢复新法为由，将哲宗元祐间宰相以下反对新法的旧臣定为奸党，立碑刻石文德殿门，由徽宗书碑。又自书为大碑，颁行郡国。党人中包括司马光、文彦博、曾布、苏轼等309人。这份元祐党籍碑碑文，即蔡京所书，后因徽宗下令销毁全部刻石，故仅存两碑，还是南宋时期仿刻的，发现于广西融水。

以恢复新法为名，尽贬元祐诸臣，立元祐党人碑。倡导丰亨豫大之说，劝说徽宗“越拘挛之说，竭四海九州之力以自奉”，助长徽宗大兴土木工程，挥霍无度，劳民伤财，天怒人怨。徽宗开宴，因用玉盏玉卮而不安，蔡京则言：“陛下当享天下之奉，区区玉器，何足计哉？”五年罢相。大观元年（1107）再入相，三年罢。政和二年（1112）第三次拜相，宣和二年（1120）第四次拜相。屡因臣僚弹劾而罢黜，又多次召还辅政。四次当国，见利忘义，无复廉耻。钦宗即位，金人南侵，举家南逃。臣僚论蔡京为六贼之首（六贼即蔡京、王黼、朱勔、李彦、童贯、梁师成），连贬衡州、韶州、儋州安置，南迁途中死于潭州。

自蔡京执政以来，原本盈溢的府库，在君臣的挥霍浪费下扫地以尽。蔡京前后为相，始终以奢侈腐败、好大喜功诱导徽宗，为此，建明堂，每天役使工匠上万人，铸九鼎，用铜二十二万斤，崇奉道教，修建延福宫，尤其是在江南搜括花石纲，破坏南方的经济和民生。所修艮岳，最高峰九十尺，周围十余里，用山石以万计。朝廷左藏库原来由月支三十六万贯，到徽宗时增至一百二十万贯。在蔡京等一大批奸佞之臣的迷惑下，宋徽宗这一风流天子很快把推行新法以来所积累的国家财力败坏净尽，直至北宋在女真兵临城下时猝然灭亡。

蔡京是北宋末年腐败官僚的代表。他入相以后，搜刮民财，贪污腐败。当时官员贿赂成风，蔡京生日，地方向他行贿，被称为生辰纲。家中做一碗羹要杀鹑数百只，请人吃饭，光蟹黄馒头就用钱一千三百贯。童贯等人也和蔡京同样腐败。童贯私家所藏，多于府库。朱勔的甲第名园遍布吴郡。民间对此极为痛愤，有歌谣流传："打破筒，泼了菜，便是人间好世界。"指的就是童贯和蔡京。

秦桧专权乱政

秦桧（1090—1155），字会之，江宁人，是南宋投降派的代表人物。政和进士，靖康元年（1126）底除御史中丞，金人议立张邦昌为齐国皇帝，秦桧曾与群臣共上议状，主张存留赵氏皇位。徽、钦二帝被俘北迁，秦桧随从北上。高宗即位后，被囚禁的徽宗曾致书金帅粘罕，主张金国与南宋议和，而所写书信曾由秦桧润色。自建炎元年（1127）以后，高宗就不断地派出使臣出使金军，以通问二帝为名，实则乞求金人允许议和。然而，高宗所派出的使臣，都被金军扣留，出使无功，高宗却还坚持不变。金帅挞懒发现秦桧主和，用其为随军参谋，南侵时把秦桧从燕京带到楚州，暗中纵使其南归。秦桧自燕地平安回到南宋，自称杀金人监护者逃回南宋。高宗得到秦桧，大喜，用其为礼部尚书。秦桧立即向高宗建言"北人归北，南人归南"，亦即他所主张的"如欲天下无事，须是南自南，北自北"。这实际是主张把来自北方的抗金军一律解散，由南人实行自治。史书称，在此之前，高宗对金的策略是且守且和，专与金人解仇议和，自秦桧始。高宗与秦桧一拍即合，遂除其参知政事。秦桧排挤宰相范宗尹，于绍兴元年（1131）任右仆射。任相一年而罢。

秦桧像

纵 36.5 厘米 横 246.2 厘米
现藏故宫博物院

此为宋人所画《八相图卷》的最后一人。原画绘周公以下历代名相八人，最后一人，有人以为是周必大，然据题记中“天佑周宣”“佐唐中兴”及“太师公相”“帝王之师”诸语，此图应为秦桧党羽谄媚秦桧所作。史载，绍兴十九年，高宗曾命绘秦桧像，自为赞语。又载，秦桧子秦熺“无日不煅酒具，治书画”，故此画像不可能是孝宗后期的宰相周必大，周必大没资格与周公同居八名相图中。此图应当是秦熺等秦氏党羽所作，其所本，当是高宗命人所画的秦桧像。

绍兴八年（1138）金帅挞懒执政，主张归还南宋河南地，秦桧再次任右仆射，在高宗的支持下，排斥宰相赵鼎，贬逐力主抗金上书的胡铨，以屈辱条件议和，金人把河南陕西地还于南宋。绍兴九年，金帅兀术诛杀挞懒，撕毁和议，统兵复取河南地，秦桧无耻不肯退位。金人南侵无功，宋军反攻，秦桧力主班师。其后收夺诸将兵权，杀害不肯议和的大将岳飞，与金人签订绍兴和议。南宋对金纳币称臣。

绍兴议和以后，秦桧一人独相，又窃据相位十五年而死。由于高宗和秦桧力主和议，在此期间，朝中用事者无一不是秦桧的党羽，他们钳制舆论，主战派皆被驱逐出朝，流放到边远地区，天下人皆以用兵恢复为讳。尤其是秦桧晚年，倒行逆施，忌恨赵鼎、张浚、李光、胡铨等一批贤臣良将，屡兴冤狱，陷害异己，欲将主战派及政治上的反对派一网打尽，所制造的冤狱一经形成，未及定罪便实施而死。

汤阴岳飞庙铁铸跪像

辛更儒摄

明代以来，各地岳庙纷纷将杀害岳飞的罪臣秦桧等人铸成铁像陈列，以供游人唾骂，发泄对奸臣的痛恨。汤阴是岳飞故里，岳庙前所跪为王俊、万俟卨、秦桧、桧妻王氏、张俊五人的铁像。较之杭州岳飞墓前铸铁跪像，多了岳飞谋反冤狱的告密者王俊。

韩侂胄北伐丧身

南宋时期，秦桧、韩侂胄、史弥远、贾似道四权臣先后专擅朝政长达七十余年，这是南宋历史上违反不久任宰相的用人制度，政治最为黯淡的时期。

韩侂胄（1152—1207），字节夫，相州安阳人，北宋宰相韩琦曾孙。其父韩诚，娶宋高宗吴皇后的妹妹，本人娶吴皇后的侄女。韩侂胄以外戚入官，淳熙末年，以汝州防御史知阁门事。孝宗去世，光宗不能执丧，时无宰相，知枢密院事赵汝愚拟立皇子嘉王赵扩为皇帝，闻知韩侂胄与高宗吴后宫中宦官关系密切，让韩侂胄传达消息于吴后，获得吴后的认可，顺利拥立嘉王即位，是为宁宗。

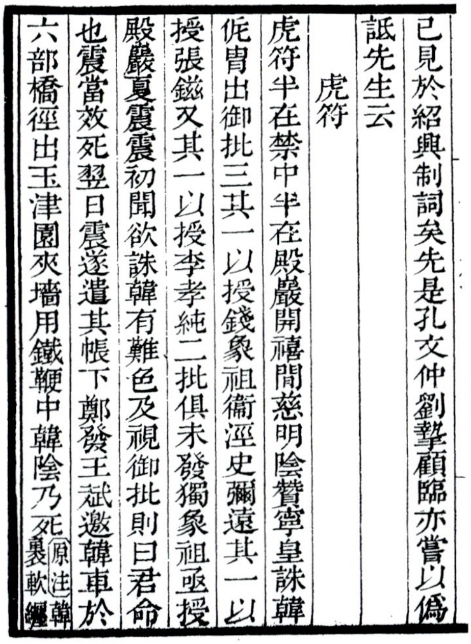
已見於紹興制詞矣先是孔文仲劉摯顧臨亦嘗以僞詆先生云

虎符

虎符半在禁中半在殿巖開禧間慈明陰贊寧皇誅韓侂胄出御批三其一以授錢象祖衛涇史彌遠其一以授張鎡又其一以授李孝純二批俱未發獨象祖亟授殿巖夏震震初聞欲誅韓有難色及視御批則曰君命也震當效死翌日震遂遣其帳下鄭發王斌邀韓車於六部橋徑出玉津園夾墻用鐵鞭中韓陰乃死（原注：韓裹軟纏）

《四朝闻见录》记载诛韩侂胄本末

韩侂胄专权十三年，开禧三年（1207）北伐失败后，反对韩侂胄用兵的宁宗杨皇后和礼部尚书史弥远相互勾结，指使军中将领夏震在玉津园杀死韩侂胄，遣使持其首级同金军议和，再签开禧和议。

宁宗初立，韩侂胄即以外戚出入宫中，暗中把持政权。因向赵汝愚求封节度使一职未能如愿，产生怨恨，遂利用皇帝批旨的形式，先把台谏官换成同党，然后诬以危害社稷，将宰相赵汝愚、侍讲朱熹等先后罢免，驱逐出朝。韩侂胄虽不是宰相，而宰执全换成他的同党，暗中操控政权。执政之后，把理学视为伪学，设立名目，网括赵、朱一党为伪学，仿蔡京设立党籍，将理学知名人士五十八人定为伪学逆党，史称庆元党禁。庆元五年（1199），封平原郡王。嘉泰三年（1203），拜太师。开禧元年（1205），为平章军国事。为建立功名，以巩固权位，于开禧二年匆忙发动对金战争，即开禧北伐。由于其同党把持国政和台谏、军队等要害部门，而军事指挥又都交给了一些毫无威望和作战经验之人，结果北伐一败涂地。史弥远发动政变，刺杀了韩侂胄。

韩侂胄用事十四年，效仿蔡京、秦桧，自作威福，斥逐异类。庆元党禁不得人心，自行解除。晚年虽有北伐意愿，追封岳飞为鄂王，夺秦桧王爵，改谥谬丑，又输家财二十万助军，但功罪仍不相抵。只因不计宋金实力对比，准备不足，所用非人，仓促攻敌，失败不可避免。

贾似道兵败芜湖

南宋中晚期，史弥远以政变方式谋杀韩侂胄，又以政变方式拥立理宗登极，起用乡党，独揽大权，是南宋擅政时间最久的权臣，而南宋最后一个柄政权臣则是贾似道。

贾似道（1213—1275），字师宪，台州天台人，是南宋第四个长期把持政柄的权臣。贾似道是宋理宗贾贵妃的弟弟，其父是淮东制置副使贾涉。以荫补官，登嘉熙进士第。历任湖广总领、沿江制置副使知江州兼江西安抚使，再迁京湖制置使兼知江陵府。善于理财及垦荒屯田，代替抗蒙名将孟珙成为京湖地区军政长官，经理京湖屯田。淳祐十年（1250），以端明殿学士移镇两淮，修筑营寨，抵御蒙古军步步推进的策略。宝祐六年（1258）在淮东击败入侵的蒙古军，毙其统帅也柳干。显示了治理地方和军事方面的才干。

贾似道抗蒙最显赫的成绩是开庆元年（1259）的援鄂之战。贾似道不避矢石，亲临战场，指挥作战，才完成了挫败蒙古军两面夹攻的艰巨任务，拓展了南宋的生存空间。在开庆元年之前，贾似道所表现的是一个颇有作为的能臣，而不是奸佞。无论是政治还是军事方面，其所建立的功绩是主要方面。

在开庆元年十月，宋理宗已于军中拜贾似道为右丞相兼枢密使。其时贾似道奉命自峡州增援鄂州，且已进入鄂州，指挥保卫战。在此前，他已升任枢密使兼京西湖南北四川宣抚大使，担负南宋抗蒙的最重要职务。鄂州之战后，贾似道被调回朝，理宗认为他有再造王室之功，让其主持朝政。而贾似道入朝以后，却变成了另外一个恶魔般的人物。执南宋国政十五年，独揽朝纲，排斥异己，结党营私，奢侈腐化。执政期间，推行很多不得人心的政策，如实行公田法，强行收买所谓公田，以此掠夺民间租米。发行关子，加速了财政的崩溃。实行打算法，迫害在抗蒙战争中有功的将领。大敌当前，沉溺于酒色之中，腐化堕落，加速了南宋政权的灭亡。度宗咸淳十年（1274）元兵攻破鄂州，在臣僚的要求下，贾似道不得已率师出征，及芜湖鲁港一战，宋兵溃败，逃至扬州，遂被罢免，贬徙婺州，改置循州。南行途中，为监送官郑虎臣所杀。宋代权臣死后，朝廷皆实行更化，把权柄收归皇帝。而贾似道被贬死后，未及更化，南宋已遭遇灭亡之灾。

明刻《全像古今小说》第二二回《木绵庵郑虎臣报冤》插图

德祐元年（1275），贾似道率兵13万人援助池州，在芜湖丁家洲与元兵遭遇，宋军一触即溃，贾似道逃至扬州。在臣僚的弹劾下，贾似道罢相窜循州。押送途中，行至漳州木绵庵，为押送官郑虎臣杀死。

文天祥抗元就义

文天祥（1236—1283），字宋瑞，一字履善，号文山，吉州庐陵人，宝祐四年（1256）进士第一人，是宋代最后一位具有爱国思想的英雄人物。

文天祥像

开庆元年，蒙古军围困鄂州，震动朝廷。宦官董宋臣主张迁都避乱，文天祥以宁海军节度判官身份上书理宗，请斩董宋臣，以统一人心。后除军器监兼权直学士院，作制词讥讽权臣贾似道，被劾罢。后起为湖南提刑，知赣州。德祐初，元兵大举东下，他组织抗元武装，捐出家中资产充当军费。曾说：“乐人之乐者忧人之忧，食人之食者死人之事。”遂以江西提刑率领万人入卫临安。被命知平江府。时元人已自金陵逼近常州，遣将救援常州不利，奉命退守余杭。德祐二年（1277）正月，知临安府。元军进逼临安，宰相陈宜中与制置副使张世杰提兵南下，宋全太后及幼主投降，仍任命文天祥为右丞相枢密使，前往元军中请和。文天祥痛斥元丞相伯颜，被拘留不返，遂同宋朝被俘群臣北上镇江。在镇江逃脱，由通州入海，到达温州。宋端宗在福州即位，复任右丞相兼枢密使，率兵在福建、广东一带继续抗元，收复郡县。后在江西南部兵败，妻子皆被俘，文天祥逃脱，奔循州。卫王立，八月加少保，封信国公。于祥兴元年（1278）十二月，在广东海丰五岭坡被元将张弘范兵俘获。押送至潮阳，见张弘范不拜，被押往厓山，令其招降南宋最后的反抗力量张世杰水军，乃书《过零丁洋》诗示之，被押往大都囚禁。

文天祥被羁押三年，元人屡次威逼利诱，劝其投降。文天祥在狱中作《正气歌》，著《指南录》，坚持民族气节，拒不事元，大义凛然。元至元十九年（1283）十二月，在大都柴市口英勇就义。

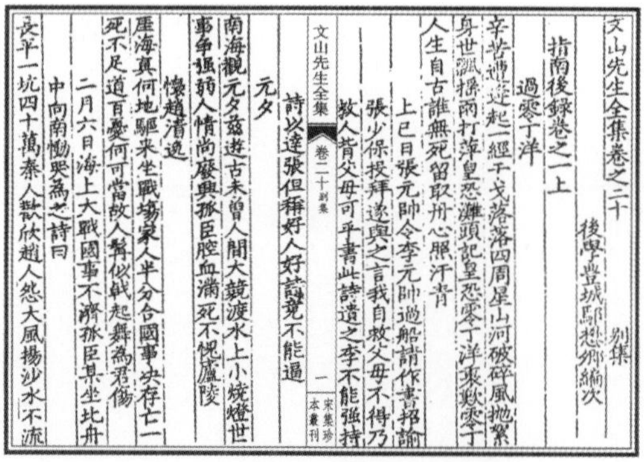
文山先生全集卷之二十　別集
後學豐城鄢懋卿編次
指南後錄卷之一上
過零丁洋
辛苦遭逢起一經干戈落落四周星山河破碎風拋絮
身世飄搖雨打萍皇恐灘頭說皇恐零丁洋裏歎零丁
人生自古誰無死留取丹心照汗青
上巳日張元帥令李元帥過船請作書招諭
張少保投拜遂與之言我自救父母不得乃
教人背父母可乎書此詩遺之李不能強持
文山先生全集　卷二十 別集　一　宋集珍本叢刊
詩以達張但稱好人好詩竟不能逼
元夕
南海觀元夕兹遊古未曾人間大競渡水上小燒燈世
事爭強弱人情尚廢興孤臣腔血滿死不愧廬陵
懷趙清逸
厓海真何地驅来坐戰場家人半分合國事決存亡一
死不足道百憂何可當故人聲似戟起舞為君傷
二月六日海上大戰國事不濟孤臣其坐北舟
中向南慟哭為之詩曰
長平一坑四十萬秦人歡欣趙人怨大風揚沙水不流

《文山先生全集》书影

该集为现存最早的文天祥集刻本。明景泰刻本载有文天祥《过零丁洋》诗，该诗被编为《指南后录》的第一首。文天祥在诗中写下“人生自古谁无死？留取丹心照汗青”的名句，激发了无数后人的爱国之情。

军事篇

募兵制为两宋积弱积贫之源

宋代在军事上，远不能同汉、唐全盛时期的武功相比。自宋太宗北伐收复燕云十六州的战争受挫之后，北宋在对辽关系上始终采取据守约和的政策。西夏强大之后，宋朝也仅与之打个平手。而当女真人建立的金国崛起之后，几乎是在转瞬之间北宋就被金国灭亡。南宋与金争战多年，最终不得不以丧失三分之一国土的代价，与之议和。金亡之后，南宋又同蒙古帝国进行了长达半个世纪的抗战，以弱敌强，是蒙古征服世界最后消灭的王朝。此后，中国结束了分裂，统一成元朝大帝国。

宁波东钱湖南宋石刻遗址公园中的武士像

辛更儒摄

宋代实行募兵制，主要由禁兵、厢兵和乡兵组成。步兵是禁军的主要兵种，而辅之以骑兵和水军。

宋代虽然依兵立国，极其重视军事，但疆域的西北方所面对的都是新兴的力量——强大的少数民族国家，从辽、夏、金到蒙元，无一不是虎狼之国。两宋以其巨大的财力支撑一支耗费巨大的超百万人的军队，却造成了对外战争屡次失利，对内加重了人民的负担，影响了生产的进一步发展。

两宋有禁兵、厢兵、乡兵和蕃兵，所实行的募兵制主要指禁兵和厢兵。这一办法是沿袭五代旧规形成的。招募不逞犷悍之徒以及凶年饥岁的流亡农民充当士兵，是北宋募兵的主要来源。健壮者充禁卫，短弱者为厢军，遇到紧急情况，有战斗能力的勇者力战，弱者供应粮储。这样，五代所以为乱的军人，都成为捍卫良民的武装。因之，养兵成为两宋国策中的首要任务。宋太祖开宝年间，禁厢军总数为三十七万人，禁军马步合计为十九万人。经过近一百年，仁宗庆历时，二者总数已达一百二十五万，禁军马步合计八十二万人。这么庞大数额的雇佣军队，终身仰仗于供给制，便产生了集中全国财力的十分之六七以养不战之兵的问题，还经常出现老弱不堪混杂军中影响斗志的情况。而且由于经常更戍，变更防区，以致出现骄惰、教阅不够及时的状况，战斗力并不能得到保证。

桂阳刘家岭宋墓出土武士壁画

2010年，湖南桂阳刘家岭宋墓出土壁画中，有两列士兵图像。士兵皆顶兜鍪，系领巾，上短袖衫，臂、胸、腰皆有护甲，无臂鞲。束带，长裤，膝下系扎。一列手执长刀，一列手执长矛。当系近卫之士。宋代经常对禁军拣汰，太祖建宋以后，曾诏诸州选兵送都下，又选标准身高的强壮兵卒作为兵样，作为诸州选拔士卒的标准。

岐沟关之战

宋太宗继位，继承太祖遗志，先收吴越、漳泉归国，后平北汉，取得了南方的统一，遂于太平兴国四年（979）北伐契丹。太宗亲率大军发自太原，六月，宋军进到幽州城南，围城三周。涿州、顺州、蓟州皆降。但宋军围困幽州十五日而不能攻下，契丹遣耶律休哥救燕，与宋军战于高粱河上，契丹援军分两路横击宋军，宋军大败，死者万余人，太宗南奔，休哥追至涿州，太宗乘驴车逃走，部署诸将防守而还。

同年九月，契丹遣南京留守韩匡嗣、耶律休哥等攻镇州，欲报围燕之仇。与宋将刘廷翰战于满城，刘廷翰与李汉琼等合兵击之，契丹军大溃，斩首一万三百级。明年，契丹兵十万入侵雁门，被代州刺史杨业击败，驸马侍中萧咄李被杀。

耶律倍《射骑图》

绢本设色 纵 27.1 厘米 横 49.5 厘米

画者为辽太祖阿保机长子，封东丹王。画中四人四骑，皆一手持缰，一手臂鹰，似在讨论什么。四人髡发，窄袖乌靴，为典型的契丹武士形象，可见其草原民族驰骋姿态之英武及骁勇善战的特征。

雍熙三年（986），宋太宗得知契丹主耶律隆绪年幼新立，母萧氏为太后专国，以为契丹主幼国疑，命曹彬、田重进、潘美为都部署，再度北攻契丹。计划由曹彬、米信率兵出雄州，田重进由定州出飞狐，潘美、杨业出雁门。先把契丹牵制在幽州，而西路出雁门攻取云州，然后东进会合两路宋军夹攻幽州。不料萧后和契丹幼主都亲自到幽州督阵指挥，集中主力，大败曹彬军于岐沟关，田重进一路也随之溃败，宋军死者数万。随后，契丹军集中攻击西路宋军。宋廷已诏潘、杨军撤退，且令杨业负责把刚刚收复的云、寰、朔、应四州人民迁徙内地，而潘美和监军王侁却逼令杨业攻打朔州。杨业军行至朔州南，在狼牙村一带中伏，杨业被契丹军俘虏，宁死不屈，绝食而死，三路北伐最终失败。

自此数役之后，宋太宗放弃了使用军事手段收复燕云的计划，取虚外守内的政策，并疏浚河北边境一带的河流塘泊，用来遏制契丹的攻势，不再用兵北伐。

澶渊之盟

宋真宗景德元年（1004），辽国萧后和辽圣宗耶律隆绪领兵二十万大举南侵，经保、定二州南下，深入内地，直达澶州（河南濮阳），中外震动。在汴京直接受到威胁的情况下，朝中大臣多数主张出京躲避，有的认为应迁都金陵，或迁成都，唯宰相寇准力主抵抗，坚请真宗御驾亲征，进临前线，“大驾亲征，敌当自遁”。

寇准像

寇准（961—1023），字平仲，华州下邽人，宋太宗时进士，能言直谏，累除同知枢密院事、参知政事。真宗立，知开封府。景德元年同中书门下平章事。辽兵大入，力请真宗亲征，与辽签订和议。为王钦若所谮，罢相知陕州。后再相，真宗病，密请太子监国，事泄，为丁谓倾陷，贬道州司马，再贬雷州司户参军，死于贬所。

寇准力排众议，促宋真宗亲征，鼓舞了宋军的士气。闰九月，契丹军进攻河北西路的顺安军、保州、定州时并不顺利，屡为宋军所败，军中斗志低，生出议和之意。而魏能所守的安肃军、杨延朗所守的广信军，和契丹接壤，被围百日，仍然坚守不动。十一月，真宗自汴京亲征，抵达澶州。宋军李继隆部将张瑰，以床子弩射死了前往阵前巡视的辽国统军大将萧挞览，士气大振。萧挞览有智勇，统领精兵，战死阵前，辽兵士气再次受挫。

但宋真宗抗辽决心不足，在有利形势下急欲求和。辽方此次南侵，主要目的是夺得关南地，在讹诈不成之后，也有退兵之意，所以，双方在抵达澶州之前，便已有了议和活动。寇准此次出征的目的本来是要辽国称臣，及归还幽、蓟之地，以确保北宋以后百年无事。但真宗却说："数十年后，当有捍御者。"寇准不得已同意议和。遂与辽圣宗签订盟约，宋辽为兄弟国，宋朝每年输送辽银十万两，绢二十万匹。史称澶渊之盟。盟约签订之前，真宗曾许宋使曹利用岁币的数额："必不得已，虽百万可也。"而寇准却召见利用，

宋代攻守使用的床子弩模型

床子弩是一种机械弓，强劲有力，射程远。澶州之战时，辽统军大将萧挞览阵前为宋军床子弩射死，辽始有议和动议。

《契丹使朝聘图》（局部）

北宋佚名绘 纵 33.1 厘米 横 252.6 厘米 现藏台北故宫博物院

此为《景德四图》之一，原作共四段。景德二年（1005）是宋辽签订澶渊之盟的第二年，是年十一月真宗诞日，辽圣宗与萧太后遣使来贺。图中摆放着装满礼品的箱子，左侧人群中的辽贺使正等待真宗的接见。

称：“虽有敕旨，但你如果超过三十万，就斩了你。”曹利用至辽军中议和，果然以三十万达成协议。

澶渊之盟的订立，使宋辽两国此后和平相处，不再以兵戎相见，边境安宁近一百二十年。但澶渊之盟也为宋朝同其边境上的敌人避战议和开了先例。此后宋朝与西夏的议和，与金人的海上之盟、绍兴和议、隆兴和议、开禧和议，就都是澶渊之盟的继续。

靖康之变

金国兴起以后，曾一度与北宋结成海上之盟，双方商定夹攻辽国，取得胜利后，燕云之地归北宋，而北宋则把每年送与辽国的岁币，同样送与金国。但在宣和四年（1122），北宋两次出兵攻辽，结果都被辽军打败，而到这年底，燕京却被金国攻占。在攻燕的过程中，金人看清了北宋的政治腐败，军事无能。到了辽天祚帝被金人俘虏之后，金军首先背弃海上之盟，开始大规模攻打宋朝。

宣和七年（1125），金军分两路入侵，宋徽宗自己不敢抵抗，急忙传位钦宗赵桓。明年即靖康元年正月，金右副元帅粘罕率西路军从云中南下，攻太原、中山、河间三镇不下，受阻于太原城下。东路军在斡离不统率下到达燕京，北宋守将郭药师立刻投降。于是，金军自燕山全军南下，攻取相州、浚州，渡黄河，北宋守军望风而遁，金人长驱直入，抵达汴京，并把都城包围起来。宋钦宗当此情形，也不敢采取任何抵抗措施，被迫与金人签订城下之盟。金人要求北宋输金五百万两，银五千万两，牛马万头，绢制百万匹，割太原、中山、河间三镇地，宋使一一应诺，不敢反抗。金军孤军深入，处境本来十分危险，但钦宗看不清形势，不敢支持力主抗金的李纲和各地勤王援军的应对措施，以输币割地为代价换取金军退兵。

金东路撤军之后，两河人民纷纷反对割让三镇，宋廷君臣对此分歧很大。宋廷议论未定，金军再次南侵渡河。此年十一月，金东西两路军同时南下。北宋已把此前勤王的军队遣返，也没在黄河设置有效的防守，粘罕军攻破太原后顺利进至河上，宋守军闻鼓声而溃。而东路军也在二十日内从真定入围汴京，两路金军会合，开封城破，钦宗投降。

金人先后把徽、钦二帝扣押在军营中，并在开封城内大肆掳掠国库及民间钱财，仅从民间就搜括到金 37 万两，银 714 万两，绢帛 104 万匹。靖康二年（1127）四月，金人押解徽、钦宗及后妃、太子、宫女、宗室三千人北上，内侍、技艺工匠、倡优等也被押往北方，并将北宋的法驾、卤簿、礼器、法物、乐器、祭器、浑天仪、铜人、天文图书搜刮一空，使繁华富庶的开封变成一座空城，然后退兵北去。至此，北宋灭亡，史称靖康之变。

潘正夫所撰记载靖康之变的石刻

辛更儒摄于福州乌石山

石刻首述吴国长公主靖康之变以来遇乱南奔、避地江南的经历。潘正夫，宋哲宗第三女韩国公主之夫。韩国公主因先朝女未随宗室北上，亲历靖康之变，建炎初改封吴国大长公主，避地南渡，达于赣、闽。潘正夫因驸马故，官至开府仪同三司、少傅。

吴玠抗金保蜀

绍兴元年（1131），金国左都监兀术进攻和尚原，被据守此地的宋将吴玠兄弟打败。吴玠（1093—1139），字晋卿，德顺军陇干人，行伍出身。建炎四年（1130）张浚富平之战失利后，关、陇六路全都陷没于金。此时任军中统制的吴玠收集散卒，退保大散关以东的和尚原，做死守的准备。金将乌鲁折合和没立率兵来攻，被吴玠击败，进职陕西路都统制。十月，兀术会合诸路兵十万，自宝鸡跨渭水，前来攻打和尚原。吴玠与其弟吴璘挑选强弓硬弩，轮番射向金军，号称“驻队矢”，连发不断，密如雨下。金兵稍退，则以奇兵侧面出击，断其粮道。及其败走，则伏兵四起，乘夜纵击，金兵大败。金军统帅兀术身中二矢，剃须易容，仅能逃脱，遂自河东归燕山。

绍兴四年，金国右监军兀术率兵再次入侵，进攻仙人关，又被吴玠打败。仙人关在和尚原西南，凤州的最南端，也是入蜀的要隘。这次，兀术同部将撒离喝等率步骑十万，破和尚原，攻仙人关。宋军在关东杀金平修建了两处营隘，以万人守之。金兵攻吴玠营垒，吴璘誓言“死则死此，退者斩”。金军分为东西两军，猛攻第一隘，吴璘退守第二隘。金援兵接踵而至，人披重铠，铁钩相连，鱼贯而上，吴璘以驻队矢连射，死者层层堆积，金兵仍冒死登垒。吴玠派兵手执长刀大斧，左右出击，鼓声动地。第二天，又多派精锐士兵分执紫白旗出击，攻入金营，奋击金将韩常军，主将韩常被箭射中左目，金兵开始乘夜撤退。吴玠又派部将伏兵扼击金兵退路，再败金军。这一战役，兀术以下的官兵都携带了家属随军，以表示取蜀不归的决心。然而，金军在此连攻五日，大败而逃。经此战役之后，金兵

大散关

大散关地处陕西宝鸡以南五十里，和尚原一带地势险峻，易守难攻。绍兴元年（1131）冬，十万金军在兀术率领下，进攻此地。扼守秦岭北麓和尚原的宋军大将吴玠，在此阻击，他选强弓硬弩轮番射击，连战三日，大破金军，兀术身中流矢，败退回燕山，宋军取得抗金的首次胜利。

阴谋既不得逞，知吴玠终不可犯，乃还军于凤翔，不敢再窥川蜀。

吴玠两次依靠陕西的有利地势，抗击金军的入侵，取得和尚原和仙人关大捷，保全了川蜀的安全。吴玠精通兵法，擅长骑射。仙人关之战后，擢泰宁保定军节度使，升为川陕宣抚副使。

岳飞颍昌之捷

绍兴八年（1138），金国在都元帅挞懒的主张下，把河南原属伪齐的旧地归还南宋。十年后，挞懒的势力既已被新任金国都元帅兀术铲除，女真贵族立即撕毁和约，派兵夺回汴京，并向河南、陕西地发起攻势。这年六月，宋高宗向驻守鄂州的湖北京西路宣抚使岳飞连续下达御札，除要他派兵支援在顺昌抗击金军的刘锜部，还敦促他立即进军陈、蔡，并表示“设施之方，一以委卿，朕不遥度”。岳飞乃部署部将王贵、牛皋、董先、杨再兴等人从鄂州分路北上。闰六月，岳飞前军统制张宪于颍昌府击败韩常，收复了颍昌府。随后，张宪、牛皋又于下旬收复了陈州。此月底，王贵的部将杨成等统率军马攻打郑州并在那里击败金军万户独漫化，占领了郑州，在中牟县劫了金营，缴获战马三百多匹。中军副统制郝晸攻打西京洛阳，在七月中旬占领了洛阳。与此同时，和岳飞军合作的河北忠义军也在梁兴、董荣、孟邦杰等人的带领下，北上作战，克复垣曲、翼城、赵城诸县和南城军。岳飞军所至皆捷，收复了许多失地，中原大震。

七月初，兀术集中兵力，带领龙虎大王（或即左监军突合速）、盖天大王、韩常等几名主要将领，率精锐骑兵一万五千人，进攻颍昌府南的郾城县，亲临郾城的岳飞派出背嵬军和游奕马军迎战。以少击众的宋军手持长刀上阵，专砍马足，以破金军的骑兵。宋军奋击，金军不支，向北撤退。初十日再战，岳飞亲自上阵，宋军获胜，杀死阿李朵孛堇。兀术再集合兵力于临颍县，骁将杨再兴率三百骑兵与金军相遇，在杀伤了大量金军后全部战死。七月中旬，岳飞军精锐主力三万余人与金军镇国大王、韩常的三万人马决战颍昌府，王贵与岳云出城迎击，血战多时，难分胜负，守城宋军也出城参加到战斗中来，才扭转了战局。此役杀敌五百余人，兀术的女婿统军上将夏金吾当场阵亡。

岳飞像

岳飞（1103—1142），字鹏举，相州汤阴人。少年投身行伍，建炎中，归宗泽，为东京留守司统制。四年，袭击北撤金军，收复建康，为通泰镇抚使兼知泰州。平定李成、曹成等流寇，升都统制，授承宣使。绍兴四年北伐伪齐，收复襄阳六郡，授清远军节度使。五年，镇压杨么起义，六年驻守襄阳。十年北伐金国，连克颍昌府、郑州、洛阳，取得郾城大捷。以廷议主和，被迫退兵。十一年夏，被解除兵权，任枢密副使。旋罢，以谋反罪下大理狱。十二月二十九日与长子岳云、部将张宪等一并被害。孝宗即位后平反。宁宗开禧间，追封鄂王。图中，岳飞头顶方巾，着圆领长袍，系玉带。浓眉细目，炯炯有神，颔下无须。当是其中年形态。

此役之后，岳飞在其他各路宋军撤退的情况下，欲孤军深入，诏书不准，遂退兵班师，颍昌等地复被金人夺回。颍、郾战后，金人因战事不利，有议和之意，双方遂于次年达成绍兴和议。

钓鱼城及鄂州之战

钓鱼城及鄂州之战是关系到南宋存亡的重要战役。宋蒙战争爆发后，四川首先为蒙古军占领。在成都府残破以后，南宋把防御重点放在了重庆方面。嘉熙四年（1240），四川制置副使彭大雅修筑重庆城。淳祐三年（1243），四川安抚制置使兼知重庆府余玠在重庆府合州东北山上依山修建钓鱼城，徙合州治所与兴元都统司于其上，屯兵聚粮，抵抗蒙军。宝祐二年（1254），王坚任兴元都统制兼知合州，进一步完善了城防，使之成为兵精粮足的抗蒙前哨。

宝祐六年，蒙古大汗蒙哥亲率四万大军（号称十万）入川，明年即开庆元年二月，蒙古军沿嘉陵江进围合州，派降人劝降，被王坚斩首示众，宋军士气大振。宋军坚守力战，蒙古军连攻钓鱼城周围的城堡，都被宋军打退。四月，蒙古军攻打钓鱼城外城，“凡攻城之具，无不精备”，但终因钓鱼城地势险峻，炮石不可及，冲梯不可接，其一波接一波的攻势皆被打退。夜晚，王坚派兵不断袭扰蒙军营地。入夏后，蜀地炎热，疾病流行，蒙古军被困，士气低落。蒙哥一面继续猛攻钓鱼城，一面派都元帅纽璘东进，拟自川东攻入长江。宋理宗为防止蒙古军进入湖北，派枢密使贾似道出兵宜昌增援，又派京湖制置司参议官吕文德自贵州入川任四川制置副使兼知重庆府。蒙古军在钓鱼城使用云梯攻城，大将汪德臣在城下喊话，要王坚投降，宋军自城上发炮石轰击蒙古军，时值大雨，云梯折断，汪德臣身受重伤而死。七月，蒙哥亲自率军攻城，宋军以炮石还击，蒙哥被击中负伤，死在钓鱼城军营中。蒙古军兵败，只好解围退兵。蒙哥之死，《元史》不载死因，诸书多记为炮石所震，其受伤而死

钓鱼城遗址

公元 1257 年，蒙古大汗蒙哥必欲灭宋，亲统诸军攻入四川，其弟忽必烈渡江围鄂州。公元 1258 年 7 月，蒙哥在进犯合州时，受到兴元都统制兼知合州王坚（？—1264）的坚决抵抗，被宋军炮石击中，重伤而死。进入鄂州的忽必烈也被迫退军。钓鱼城一役的胜利，极大地延缓了蒙古灭亡南宋的进程。

不容置疑。

与钓鱼城之战同时，另两路蒙古军，一路由蒙哥弟忽必烈率领，于开庆元年九月渡过长江，准备围困鄂州，另一路由大将兀良合台率领，自大理、交趾迂回，从广西攻入湖南，欲与忽必烈军会合夹攻宋军，史称斡腹之谋。十月，宋理宗也调派贾似道回援，入城指挥宋军保卫鄂州，并于军中拜右相兼枢密使。双方攻防交战异常激烈，宋军虽战死一万三千余人，而蒙古围城军却久攻不下，得疫疾者已达十之四五。十一月，因遇宋军的奋力抵抗，蒙古斡腹军在潭州城下作战不利，又因蒙古贵族内部争夺皇位，忽必烈急欲返回漠北，遂解鄂州之围撤军。而宋理宗采纳臣僚的意见，对斡腹蒙古军采取“自内托出，不当自外赶入”的策略，迫使其在景定元年（1260）二月于黄州新生矶做浮桥北归，鄂州之战结束。钓鱼城和鄂州保卫战两次战役的取胜，使南宋王朝得以喘息休养，直到宋度宗咸淳九年（1273）蒙古军围困襄阳，城破，蒙古军顺流南下，南宋才告灭亡。

襄阳古城临汉门

襄樊城池坚固，隔汉水相互呼应，自南宋初岳飞收复后一直是抗金抗蒙的坚固堡垒。忽必烈于公元1260年继任蒙古大汗，决心灭亡南宋。公元1269年蒙古军围攻襄阳江北的樊城，公元1273年，蒙古军攻陷樊城，驻守襄阳的宋将吕文焕投降。襄樊的陷落，震动了南宋朝野，蒙古人看到了宋朝的衰弱，水陆并进，大举攻宋，南宋终至不支而亡。

乡村篇

农业的发展

宋代的农业生产，较之前代有了很大发展。宋代实行户等制，把纳税的农民家庭按主户和客户划分，主户分五等，上三等主户占有土地和资产，四五等户只有较少的土地，属于自耕农。而客户主要指农村中的佃农，依靠租种主户的田地为生。经过唐末五代的动乱，北宋建立后，北方地区主客户减少，而南方则稳定增长，两浙路、江东路生产发达，户口中多自耕农，客户只占五分之一。太宗时，全国户口仅六百八十多万户，到了英宗年间，户口增长到一千二百万户。人口的增长，使得宋初荒芜的土地大都得到开垦。加上政府督促各地地方官招诱流民归乡垦殖，而农民自主耕作愿望也有所提高，垦田数目持续增加。真宗时达到五百二十多万顷。而各级政府奖励耕织，在荒田开垦的同时，农民因地制宜，在山间、河岸以及海边都开辟了新的耕地，显示了两宋农民的创造能力。

北宋农民新开垦的耕地，主要是圩田、山田、淤田、沙田几种。圩田就是围田，利用江南河湖密集的特点，把低洼田地筑起土围，旱时开闸引水灌田，涝时闭闸关水。北宋时，太平州芜湖县有万春

《耕获图》

绢本设色　纵 24.8 厘米　横 25.7 厘米　现藏故宫博物院

此图描绘了农民耕作的过程，从犁地、车水、挑送、插秧、扬场到舂米、磨粉，反映了农民一年的辛勤劳作。

敦煌壁画《耕获图》

出自敦煌第 20 窟

此图右侧画二牛抬扛拉犁耕地，农夫头戴凉帽，身着白衫，一手扶犁，一手扬鞭，在水国中耕作。而在左侧，下面是二人在收割稻谷，上面是一男一女扬场收粮。该图反映了西北地区常见的耕作情景。

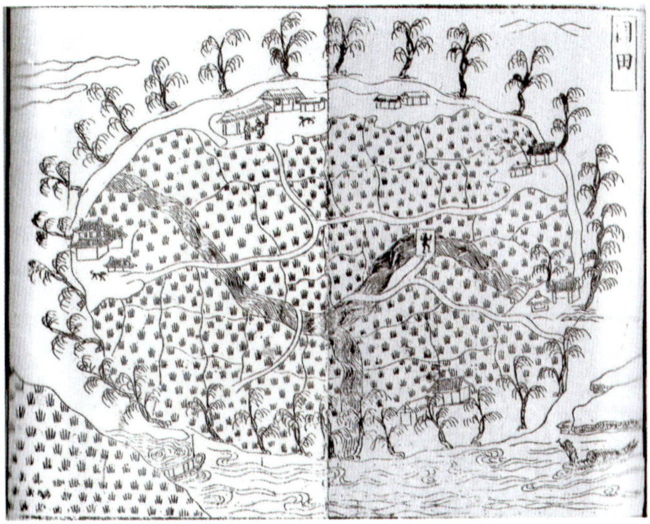

江南的圩田

元王祯《农书·农器图谱》卷一所载

王祯自元元贞二年（1296）开始撰写此书，上距南宋灭亡仅十五年，此书记载了当时农业生产技能和先进农器具，应当视为南宋农业生产发展的一部总结性著作。长江以南，多河塘水渠，五代以来，农民利用水乡河床较高的地势，在两岸修筑堤坝，组成圩田。一圩有几十里，旱则开闸，涝则关闸，有效抵御了旱涝灾害，提高了粮食产量。

圩，耕田就有十二万亩。山田就是梯田，江西、福建一带山间，常被农民开出梯田耕种，北宋韩琦的诗就有“山鸟过云语，田夫半岭锄”这样的句子，王安石有一篇文章也说“抚之为州，山耕而水莳”。淤田指利用河水冲刷的淤泥引入田内，提高田土的质量，增产增收。江淮间又有沙田，利用江海边的沙淤土地耕种，北宋时的温州、明州、台州都有这样的沙田上千顷。

两宋农作物种类增加。河东路沿边各地开始筑水田，种水稻，而南方产稻区也开始种麦。南宋种麦地区遍及两广以外的其他各路。越南的占城稻在北宋时期被引进之后，快速推广，这种水稻成熟早，抗旱能力强，不择地而生，各地栽种后，提高了水稻的亩产。耕作技术和农具的进步，促进了粮食产量的提高，也促进了经济作物如棉花、茶叶、蚕桑、漆树、果树、甘蔗的栽种养殖。

《耕织图》中的采桑和六眠、剥茧、挽花作纬等工艺

绢本淡设色 纵 27.5 厘米 横 513 厘米

原图长卷，共24段，是南宋绍兴间楼琦所绘《耕织图》中《织图》的一个摹本，后流落民间，1983年由一大庆市民捐出，现藏黑龙江博物馆。

宋人《耕织图》

佚名绘 绢本设色 纵63.5厘米 横92.3厘米 现藏中国国家博物馆

画中近前三女机织，一女在后提花。屋后稻田，四男二女在插秧。织者皆高髻，小袖长裙。系南宋时期的作品。

农业生产技术的提高

两宋时期，农业生产技术的提高，首先表现在农具的改进上。太宗和真宗时，宋、亳和淮、楚等地发明了踏犁，用人力代替耕牛，由四五个人耕地，功效是牛耕的一半。北宋后期，苏轼看到插秧的武昌地区的农民使用了简便省力的秧马，为作《秧马歌》。而唐庚有《到罗浮始识秧马》诗，其中有“行藏已问吾家举，从此驰君四十年”句，罗浮在广东惠州，可见秧马的推广使用。湖南地区出现了借水力资源运转灌溉的水车，即运用水流推动的水轮筒车。到了南宋，两浙、两江各路普遍用上了水车。水车和踏车利于引水灌溉，水车节省了人力，尤为先进。词人张孝祥有一首诗题为“湖湘以竹车激水，杭稻如云”。辛弃疾也有“北陇田高踏水频，西溪禾早已尝新”的词句。

清焦秉贞仿宋人绘《耕织图》中的灌溉情景

原画系仿宋人楼璹原绘，耕、织图各23幅，描绘宋人耕种蚕织的全过程。此画所绘，是农民利用桔槔将河渠的水引入田里，省时省力。

据北宋时的记载，琼州、霸州、深州、唐州、福州等地方，都兴修了水利工程，福州三县修渠长达两万多丈，溉田三千六百余顷。河东九州二十六县，修浚水利田一万八千余顷。南宋立国以后，水田之利，富于中原，故水利大兴。南宋初，潭州修复龟潭，灌溉农田一百万亩，四川修筑通济堰，灌溉眉州、蜀州三十四万亩农田。吴璘在兴元府屯田，修筑山河堰，灌溉田地二十三万亩。

《农书》中的脚踏翻车图

两个农夫正在脚踏水车，灌输稻田。这种翻车是宋代农民利用水利资源汲水灌田的工具，是江南地区先进农业技术的写照。

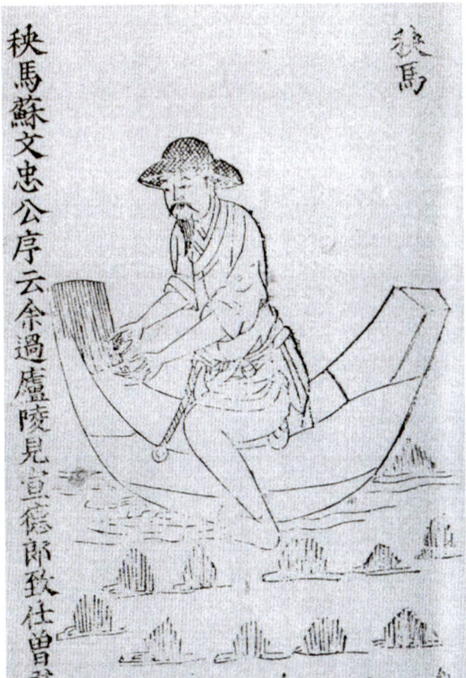

《农书》中的秧马图

北宋湖北鄂州地区农民创造的一种秧马，农夫骑在秧马上插秧，减轻了插秧的劳动强度，提高了生产效率。

而随着水稻优良品种如占城稻的引进和双季稻在江南地区的普及，以及水利建设的开展，各种农具踏犁、龙骨水车、踏车、秧马、水磨的出现，粮食亩产有了较大增长。两浙路一带一亩地上等水稻收获稻谷五六石，苏州每亩平均得米二石至三石，明州亩产高达六七石。当时已有“晋、宋以降，仓廪所积，悉仰给于浙西之水田。故曰‘苏湖熟，天下足’”的说法。其他路产量稍低，京西路每亩三石，湖北路上田亩产三石，下田二石，江东徽州上田亩产二石，湖南桂阳军亩产一石。宋代一石米相当于今一百二十市斤，故亩收三石相当于三百六十斤，已接近近代中国的粮食平均产量。

农民的乡村生活

两宋时期，农民的赋税负担是比较沉重的。沿袭唐末五代的旧制，宋代也实行夏、秋两次缴纳的税制，每年每亩输一斗，江南一些地方则沿袭五代十国的旧制纳税三斗。同时，缴纳的方式还规定夏收钱，秋收米，而实际征收时，钱米之间有时相互折变，折变的过程，官府故意提高比价，加重纳税户的负担。此外，还有用于缴纳输送到边疆地区支移的脚钱，也是额外加重农民负担的制度。宋代两税之外，还有丁口之赋、杂变之赋，都是随同两税一起缴纳的税赋，也是继承了五代十国时的赋税，名目繁多，是实际的苛捐杂税；而和籴、和买则是官府强制收购民间的粮米和布帛。这些沉重的赋税负担，都压在了主户中占三分之二多的中下等户身上。而负担差役的上中等户，也在充当衙前、里正、户长、乡书手、耆长、弓手、壮丁等职役时承担无偿的劳役。有些因事故而往往倾家荡产。

沉重的赋税负担，迫使农民想尽办法，逃避赋税。如在登记时“诡名寄产”，把田产献纳于寺院，或假立契约，“诡名挟佃”，使自己成为贫下之户或单丁之户。王安石变法时，无锡查出诡名挟佃五千多家。两宋虽然“古者刻薄之法，本朝皆备”，赋役繁重，但和唐末五代相比，毕竟还是稍有减轻，佃农的地位也有所改善，生产积极性随之提高。而且，农业的两税在国家财政总收入的比重有所降低，因而农民的生活较前代已发生向好的改变。

宋代农村同城镇一样，变古之风甚盛，等级差别、城乡差别缩小。衣食住行娱乐等方面都是如此。宋人衣着，城乡贵贱区分不大，“穿衫尽巾，公卿皂吏，下至闾阎贱夫，皆一律矣”，“农、贩、细民，至用道服、背子、紫衫者，其妇女至用背子霞帔”；饮食则比较简单，“穷乡荒野，下户细民，冬至节腊，荷薪入城市，往来数十里，得五七十钱，买葱茹盐醯，老稚以为甘美”；居住上务求实用，因地制宜，贫下户或垒土坯为墙，架屋其上，或以竹为屋，覆以瓦。大多数乡村多以茅草为屋顶，但茅檐竹屋，容易焚毁，瓦房亦为数甚多；出行则驴马为主，或用牛车，少量负荷则担担而行；文化娱乐方面，由于城镇发达，文化上的交流也从城镇延伸到乡村。比如讲史说书，在农村就很常见。“儿女相携看市优，纵横楚汉割鸿沟”，刘克庄诗题是《田舍即事》，可见讲史故事在农村受到欢迎。陆游也有诗句：“斜阳古道赵家庄，负鼓盲翁正作场。”讲盲人在村里说唱鼓子词。马远的《踏歌图》画了四个乡下农夫一面踏地，一面唱歌舞蹈。宋宁宗题诗其上：“丰年人乐业，垄上踏歌行。”

李唐《雪江图》

李唐字晞古，河阳人，画院待诏，精于院体山水人物。画中在河边出现一家乡下的酒店，斜插酒旗，远处主仆两客人似乎在用饭之后急于赶路。

王希孟《千里江山图》（局部）

王希孟，生卒年不详，徽宗时宫廷画家，在皇帝的亲授下画成此画。此画长达12米，以金碧山水的形式描绘千峰万壑，气势恢宏。画中的普通农民的山村住宅，房屋屋梁皆直材，未见斗拱，屋角不起翘，多草顶，少瓦顶。房屋三五间居多。

马和之《女孝经图》之一

马和之，钱塘人，绍兴进士，官至工部侍郎。其绘画涉及道释人物及山水花鸟，以《诗经图》最为有名。此为其组画之一，所绘乃典型的农村生活场景。画中是农民耕种的田地边一家农屋，子女在向父母请安的情景。除了屋内数人席地而坐及人物衣饰非宋代所有外，茅舍及院落物件皆清晰可见，应符合宋代特征。

城市篇

开封的繁华

人口剧增，工商业的发达，使农村人口渐向中小城市和大城市转移。北宋时期，首都汴京已是人口接近百万的大城市，比起汉唐旧都，人口增加十倍。都门之外，居民亦甚多，只能在都门之外八厢再置厢吏，城区相应扩大。城中有笔直的御街，随处可见的楼台亭阁，达官贵人的庭院，寺院佛塔高耸入云，构成了帝京的繁华。唐代的长安，坊市严格划分，居民区不允许从事商业活动。宋代以后，不再划分坊市，允许居民在市区从事商业活动，沿街兴起大量商铺，往往是前店后宅，或前店后坊。同时开放夜市，不再有时间限制。汴京的商业非常发达，相同行业的店铺多集中在同一条街区附近。如潘楼街南，多为珍珠匹帛香药，界身巷是金银彩帛交易，

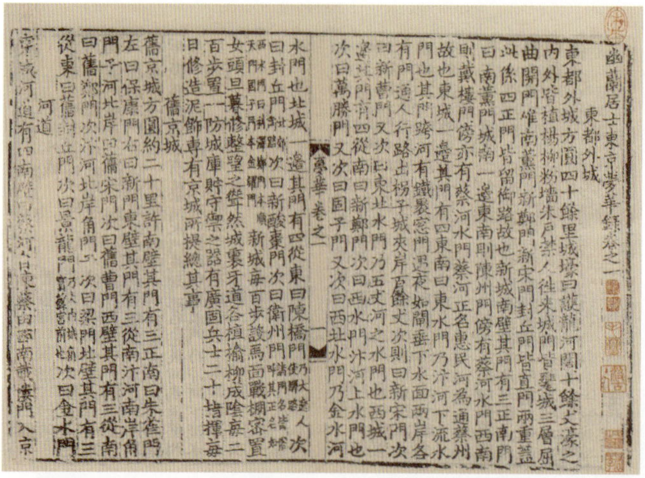
幽蘭居士東京夢華錄卷之一

東都外城

東都外城方圓四十餘里城壕曰護龍河闊十餘丈壕之內外皆植楊柳粉牆朱戶禁人往來城門皆甕城三層屈曲開門唯南薰門新鄭門新宋門封丘門皆直門兩重蓋此係四正門皆留御路故也新城南壁其門有三正南門曰南薰門城南一邊東南則陳州門傍有蔡河水門西南則戴樓門傍亦有蔡河水門蔡河正名惠民河為通蔡州故也東城一邊其門有四東南曰東水門乃汴河下流水門也其門跨河有鐵裹窗門遇夜如閘垂下水面兩岸各有門通人行路出拐子城夾岸百餘丈次則曰新宋門次曰新曹門又次曰東北水門乃五丈河之水門也西城一邊其門有四從南曰新鄭門次曰西水門汴河上水門也次曰萬勝門又次曰固子門又次曰西北水門乃金水河水門也北城一邊其門有四從東曰陳橋門（乃大遼人使驛路）次曰封丘門（北郊御路）次曰新酸棗門次曰衛州門（諸門名皆俗呼其正名如西水門曰利澤鄭門本順天門固子門本金耀門）新城每百步設馬面戰棚密置女頭旦暮修整望之聳然城裏牙道各植榆柳成陰每二百步置一防城庫貯守禦之器有廣固兵士二十指揮每日修造泥飾專有京城所提總其事

夢華 卷之一

舊京城

舊京城方圓約二十里許南壁其門有三正南曰朱雀門左曰保康門右曰新門東壁其門有三從南汴河南岸角門子河北岸曰舊宋門次曰舊曹門西壁其門有三從南曰舊鄭門次汴河北岸角門子次曰梁門北壁其門有三從東曰舊封丘門次曰景龍門次曰金水門

河道

穿城河道有四南壁曰蔡河自陳蔡由西南戴樓門入京

《东京梦华录》书影

此书记载北宋末期汴京的繁荣，自都城坊市、节序风俗乃至国典朝纲无不赅备。作者孟元老生活在北宋末年，南渡以后，怀念繁盛，追梦昔游，以亲历目击写下这部笔记，具有极高的史料价值。

《清明上河图》(局部)

宋张择端绘 绢本设色 纵 24.8 厘米 横 528.7 厘米 现藏于故宫博物院

张择端，字正道，东武人，北宋宫廷画家。工界画，擅画舟车市桥郭径。这幅长卷，描绘清明时节由运河进入汴京的历史图景，即从城郊、运河、拱桥、城门到闹市区，其中重点场景在拱桥及河道上的漕船、城门内外的闹市、城内的商业区。全画绘了各行各业男女人物八百余人，家畜九十余头，车、船各二十余辆、艘，房屋一百余栋。从汴京城内外的各类商店、住宅和城市风貌看，北宋首都汴京人口众多，商业极为繁华。因此，这幅画图和《东京梦华录》这部著作一样，为我们了解北宋都城的街市、建筑、交通、商业、娱乐和民俗提供了宝贵的历史资料。

每一交易，动辄千万。十字街有竹竿市，马行街多药铺，东西两巷为大小货行，手工业作坊。大相国寺每月有五次集市贸易，四方客商来此贩卖各类货物，民间生产的手工业产品也来这里交易，寺内院外，可容万人交易。

汴京坐落在河南大地，黄河南岸，地理位置十分重要。既是北宋的政治中心，也是经济文化的重镇。从外城进入城中心，还有内城和皇城两道城墙。外城有十二座城门，如郑门、酸枣门、宋门、陈门等，有四通八达的交通网，连接全国各路。城内道路密如蛛网，其中以皇帝出行从宣德门直达南薰门的御街，居于城市中心，长约四公里，宽二百步，街道两侧是红色栏杆，外侧是两条御沟，由砖石砌筑而成，金水河水被引入御沟，水中种植莲荷，岸上是桃、李、杏树，春夏之间，如同锦绣般艳丽。

汴京依汴水建城，又有汴河、五丈河、惠民河贯城而过，漕运发达，交通往来十分便利。汴水南与淮河、长江沟通，江淮的粮米是汴京粮食的主要来源地，每年需要从外运进 720 余万石的大米、小麦，是驻守京师的禁军和百万民众的生活必需品。此外，各地的水产品，洛阳、成都的酒，河东江南的果品，南方的名茶、丝织品，成都、杭州的书籍，以及各路的瓷器、铁器、药材甚至国外的香料、珍珠等商品都集中运到都城，在市场上销售。更由于汴京是皇室贵族、文武百官的居住地，每三年一次的进士考试，以及所聚集的天下富商大贾，都汇于都城之中，所以汴京到处是酒楼、茶坊、食店、寺院、道观、妓馆、瓦舍、勾栏，有享受不尽的娱乐活动，也有各种服务供给。而城市的服务系统十分完善，城市化的管理也充分到位。比如信息的流通，仓储的建设，治安、防火、排水、卫生设施都很齐备，可以满足城市管理和百万人口的生活需要。

《清明上河图》（局部）

赵太丞家诊所的左侧是一户官宦人家的豪华住宅，居民区与商业区混杂，是宋代城市化的一个重要标志。

《清明上河图》（局部）

临街开设的修造车辆的小作坊，一人正在用大锤调整车轮，一人正在用刨子加工零件。

临安的盛景

南渡后的临安更是人口超过百万的大城市。临安原是五代吴越的都城，本来就很繁华，南宋在此建都以后，更是扩建为周围七十里的大都市。全城为八坊六十四厢，户籍上的户口，在南宋末年统计，有三十九万户，人口一百万以上，包括所属县在内，人口达124万。临安名义上是南宋的行都，但实际上，临安被确定为行在所以后，南宋首都始终未曾迁徙。它是南宋的政治中心，也是一座商业繁荣的城市。

临安经过多次扩建，形成了南跨吴山、北至武林门、左倚钱塘江、右纳西湖的大都城。外城砖石砌成，高三丈，厚亦丈余，外城有护城河。临安城依靠水上交通保障城市人口的生活需求，除了开通13个城门外，又增修了5座水门，便于船只往来。市区河道密集，

李嵩《市担婴戏图》

绢本 纵25厘米 横27.4厘米 现藏台北故宫博物院

从货郎肩挑的担子上琳琅满目的香粉、糖果、玩具中，可以看出南宋购销两旺的商品经济的发达。

商船如梭。皇城坐落在城南凤凰山东麓，是在扩建杭州州治的基础上形成的，其中布满了位置虽狭小但奢华无比的皇宫，凡国家大典及日常国家行政事务，都在这里举行和发号施令。另外，西湖周边也遍布皇家的御苑和权贵的别墅，如聚景园、集芳园、玉津园等，湖光山色，怡情荡目。贯穿临安全城的御街，从皇城北门和宁门起至城北斜桥，将城市分为两个区域。御街长八里，路面铺以石板，路旁御沟种植荷花，岸上遍栽桃花。与御街并行还有四条南北主要街道，多由砖石铺成。江南多雨，雨水通过路面下的细沙，渗透到阴沟中，路面经常保持洁净。

临安商业繁盛，货物云集。米市、柴市、菜市、鱼市以及金银珠宝市散落城区，每天从各地运来的食品商业用品都在这里集散。来自苏、常、湖、秀四州及淮南、两湖等地的大米，每天多达一万多石。柴炭来自浙东的严、婺、衢等州，海错水产来自明、越、台、温等地，市民日常所需的菜蔬、布帛和各种杂货，也大都从外州郡运来。钱塘江、运河上的船只穿梭如织，不绝于水路。

临安的手工业也闻名于世。精美的纺织品、瓷器、刻书成为手工业生产的标志性产品。丝织业以提花织品最为出名，城里有十多家彩帛铺；凤凰山下开设的官窑，生产宫廷用的精美瓷器；雕版印刷极为发达，国子监所刻书数万卷，无不校勘细致，字体工整，纸墨精良。

其他城市的发达

北宋时期的大名府、真定、洛阳、密州、成都、江宁、泉州等，南渡以后的建康府、鄂州、潭州、泉州、广州都有十余万户，数十万居民。十几万居民的城市更多。

建康府是南宋的留都，建康城周围二十五里，城高二丈五尺，有城市居民二十五万人。成都则是西南地区最发达的商业都市。广州、泉州和明州是南宋三大贸易港口。北宋时，广州已经常年有外商云集于此，到南宋以后，外贸更加兴盛。据绍兴十年（1140）记载，广州港口一年的税收达一百一十万贯。泉州和明州也都是外贸城市，泉州主要对阿拉伯，明州主要对日本、高丽进行贸易。

唐五代时驻兵之地为镇，宋代以后，兵镇不存，但中等城市周

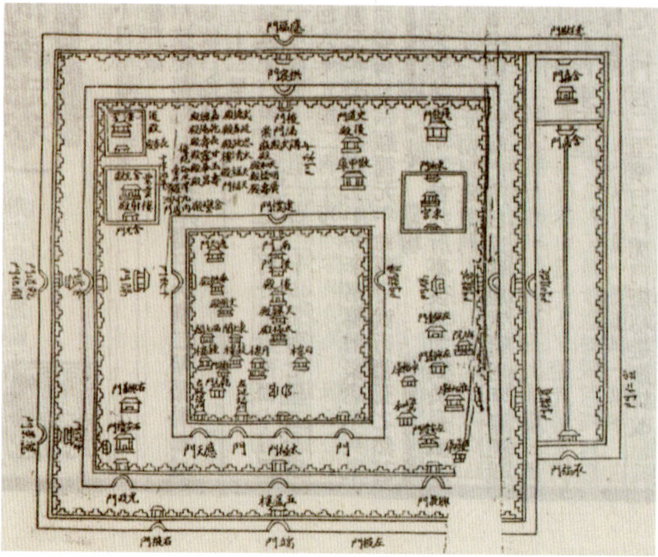

宋代西京洛阳城市图

宋代洛阳称西京河南府，为北宋四京之一。其他三京为北京大名府、南京应天府和汴京开封府。这三个城市的规模和繁荣，可从此图的绘制上窥见一斑。

边，因交通和商业发达而兴起的镇市，却发展起来，成为次于县治的处所，宋人所作地理书都记载了大量的镇名，宋朝也在镇市设场务，收取商税。在水上交通要道长江的两岸，大批新的镇市出现。建康府城外有十四个镇市。鄂州城外鹦鹉洲的南市，是两湖川广的贸易集散地，包括荆襄淮浙的货物也都运到这里销售。江陵的沙市和太平州的黄池是客商云集的著名镇市。远在西南地区的泸州，也有五十多个镇市。一些大镇的商税收入甚至超过了县城。这表明，商品交易的新发展正在加快实现。另外，宋代除了镇市，还出现了草市，即城乡之间的集市，几天自动形成一次交易，沟通有无，“十家之聚，必有米盐之市”。农村的墟市集市逐渐发展成镇市，进而成为农工商贾一都会。南宋政府普遍组织商行，加强对客商的管理，或者利用商行勒索货物。随时成为农工商贾一都会。“逢人问墟市，计日买薪蔬。”北宋的成都一年有十二大集市，按月份算，就是灯市、花市、蚕市、锦市、扇市、香市、七宝市、桂市、药市、酒市、梅市、桃符市。有的集市或草市，还设有酒店和客店。

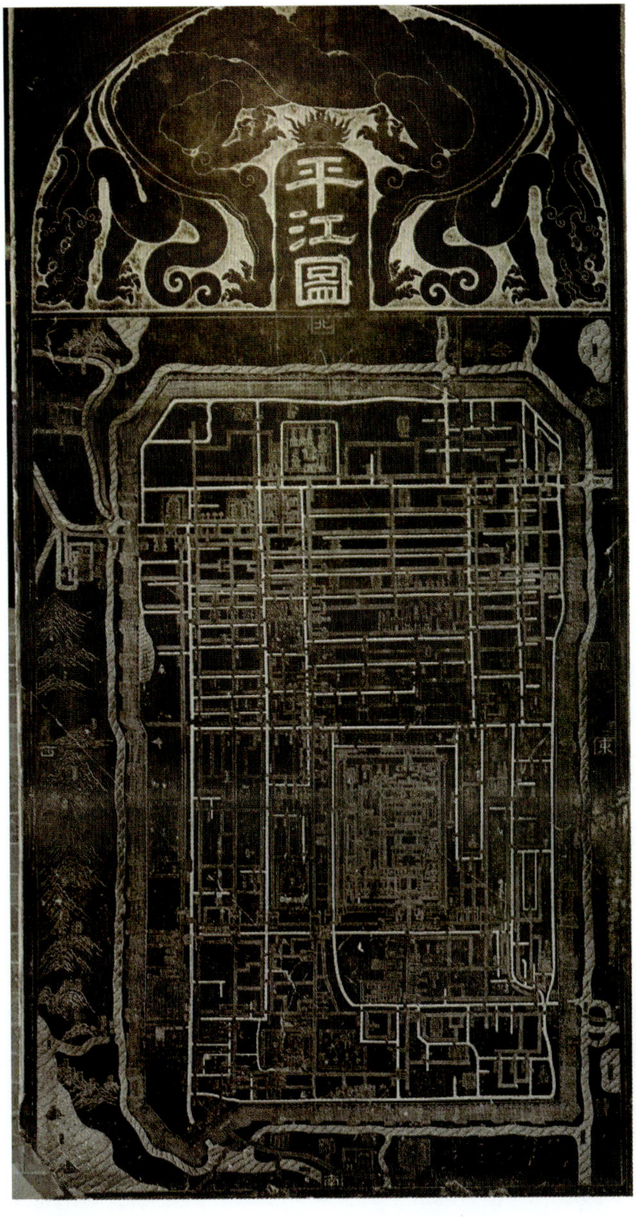

平江府图碑

辛更儒摄

碑高 2.76 米　宽 1.415 米　现藏苏州文庙（即苏州碑刻博物馆）

此图形象科学地把城垣、衙署、坊市、河流、桥梁、佛寺、亭馆等 610 余处地名刻于碑上。这是宋代苏州的城市平面图，可见苏州这一大城市昔日的面貌。当年的建筑，现在也可对照遗存一一寻找出来。这幅图也是中国最早的城市地图。

货币经济的发展，纸币的出现

宋代发行的货币主要是铜钱和铁钱。北宋时期，曾设立四监铸造铜钱，三监铸造铁钱。四川先行用铁钱，此后行用的地区逐步增加。宋太宗太平兴国间，开始铸造太平通宝，以后每当皇帝改年号，就会铸造新的年号钱。太宗时所铸的铜钱，最多时为 180 万贯，铁钱为 50 万贯。仁宗时铜钱达 300 万贯，铁钱则为 120 万贯。虽然北宋大量铸造铜铁钱，但随着市场流通需求的不断扩大，铜钱在市场上仍然十分缺乏。主要是民间把铜钱销熔，制造铜器出售，需求旺盛，获利巨大，另外，就是铜钱大量流出海外，及于北方的辽、西夏和南海诸国。因此，钱荒在北宋存在期间始终难以克服。而铁钱易蚀损耗，不利于交易。银锭则多用于大额贸易。

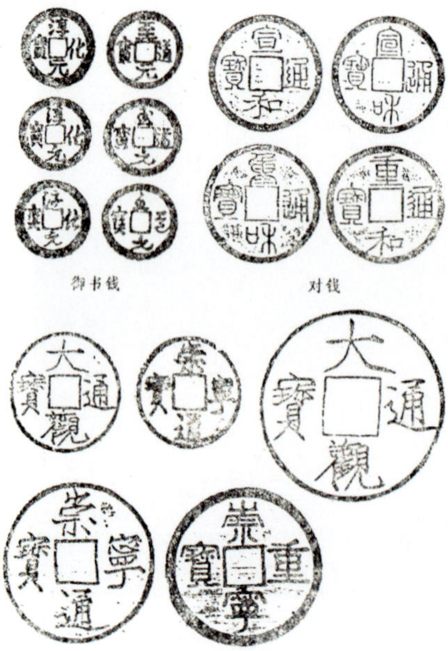

北宋的御书钱

北宋淳化二年（991）铸一当十大钱，宋太宗亲书钱式。后来徽宗亦曾书写钱式，人称御书钱。诗人王禹偁写诗道：“谪官无俸突无烟，惟拥琴书终日眠。还有一般胜赵壹，囊中犹有御书钱。”赵壹是汉朝人，曾说：“文籍虽满腹，不如一囊钱。”

北宋时期出现了代替铜钱功能的纸制货币。真宗时，四川开始使用交子，成为世界上最早出现的纸币。仁宗天圣元年（1023）于益州设交子务，改由地方政府发行，每界发行额为 125 万贯，三年为一界。以新交子兑换旧交子。共发行了 22 界交子。

四川交子

交子上部绘钱十枚，下面文字是："除四川外，许于诸路州县公私从便主管，并同见钱，七百七十陌流转行使。"下部画两脚夫同扛一大包货物，似是丝绵制品，搬往仓储库，右一人为监守兵丁。则此一纸交子，似抵一贯铁钱行用。

由于铜产业衰落，南宋铸钱数量进一步减少，高宗初年不过 8 万贯，最高年份不过 16 万贯，仅及北宋全盛时的几十分之一，而且富豪囤积窑藏铜钱，海舶偷运铜钱出洋的现象愈演愈烈，迫使南宋把纸币发行当作解决财政问题的重要课题。纸币在南宋主要有东南会子、川引、淮交等数种。绍兴三十一年（1161）南宋政府在临安设行在会子务，发行东南会子，面值为一贯、五百文、三百文、二百文四种，代替现钱使用。后规定三年一界，共发行 18 界。四川交子在南宋称为川引，发行一贯和五百文两种，共发行 99 界。淮交在孝宗时发行，面值同会子，流通于两淮。由于铜钱作为发行纸币的本钱不足，纸币的发行量又剧增，导致纸币不能兑换铜钱，甚至官府不许用纸币缴纳课税，以致纸币不断贬值。南宋中晚期，每匹绢以会子计，中期是 4 贯，而晚期增至 60 贯，而铜钱则前后仅 3 贯。会子行用到南宋晚期，几乎使社会的经济活动陷于崩溃，甚至成为民间的一大祸害。

产业篇

盐茶生产

盐是生活必需品，宋代产盐，一是北海、东海、南海的海盐，在京东、河北、两浙、淮南、福建、广西等六路沿海地带，以煮海为盐的办法，所生产的煮盐。一是解州的池盐、梁益的井盐，又称晒盐和井盐。其他的盐产地，还生产土盐和石盐，是刮取地表和山岩间的咸土煮盐。北宋太宗至道间，煮盐岁卖 163 万贯。河东解州取盐于池，仁宗天圣间，岁收 152 万担，担 50 斤。两浙的杭州盐场，岁卖 7.7 万余石，明州两监岁卖 20.1 万余石，温州的监场，岁卖 7.4 万余石。淮南的楚州、通州、泰州各监，岁卖在 41 万、48 万、65

《政和经史证类本草》卷四《玉石部》之《解盐图》

《政和经史证类本草》是宋人唐慎微所著的一部药书，其中的两幅图画，描绘了解州池盐的生产收购情景，是非常宝贵的历史记录。

万之间。四川汲水于盐井，岁收 28 万担。到了英宗治平间，全国产盐收入达到 329 万贯。宋人对盐业实行专卖和盐钞两种办法，常常交替使用，获利极高，唯严禁民间或商人私卖。然而处以极刑，亦不能杜绝私卖。两宋之世，盐法因时因地而屡变。

宋代饮茶成为人们日常生活的习惯，王安石曾说："茶之为民用，等于米盐，不可一日以无。"饮茶的普及程度已远胜于茶道大行的唐代。种茶以及茶叶的加工制造技术，在宋代得到很大提高发展，淮南、江东西、荆湖、福建、四川的州郡，都有有名的产茶区。使用人工栽培茶苗，茶叶一年数次采摘，都提高了茶产的数量和质量。宋代产茶，以贡茶水平最高，以北苑贡茶为例，其精美甚至可成为工艺品。福建产龙凤茶、石乳茶、京挺茶都是名品茶，湖州的紫笋茶、常州的阳羡也都是名茶。宋代茶农已有专业生产户，人称茶户或园户，据估计，当在万人以上。宋代实行榷茶制度，置榷货务，用禁榷法，每年输往北宋这些专卖机构的茶叶就达 1450 万斤。还有一些地区自置榷场，不在此数。仁宗以后又实行钞引法，即由园户自由贸易，官收引钱。到了南宋，茶场的生产地区又有了扩大，十路六十六州皆有茶场。四川有二十三茶场。绍兴末，三都茶场年收入茶钞钱 270 余万贯。绍熙初年，每年产茶 2102 万斤。由于经销茶叶获利甚厚，自北宋以来，严厉禁止民间私贩，但园户仍然不顾禁令，私贩茶叶。南宋中期甚至爆发了由茶商发起的起义事件。起义虽被扑灭，但私贩仍不能禁止。

宋佚名绘《斗茶图》

宋人酷嗜饮茶，茶艺活动有煎茶、点茶、斗茶和分茶。斗茶是品评茶叶质量和烹茶技艺的一种活动。用沸水冲泡，观察茶叶的形状味道。

刘松年《点茶图》

画面上，主人正与一僧一士论文，僧人俯案题字，主客一旁静观。而左侧两个仆人正烧沸水点茶，炉具茶具等物刻画特别清晰。

最美的艺术品：陶瓷

瓷器生产，在北宋，不论产量、质量及制作技术、工艺水平，都比前代有了大的提高，釉色的品种更加丰富。目前所发现的宋代瓷器产地，国内已达一百三十余处，最多的一处有百余个窑址，数量较唐代有了较大的提升。北宋中期，覆烧技术发明并得到推广，以往一次只能烧制一件瓷器，宋代一次可以成批烧制多件，极大地提高了瓷器的产量。

宋瓷在数百年间形成了不同体系派别，各具自己的风格。北方诸窑中，闻名后世的定窑、汝窑、官窑、哥窑、钧窑五大名窑中，除哥窑外都在北方。定州定窑以生产白釉为主，胎薄，质地细密，有印花和刻花不同的生产工艺。禹州钧窑以生产青瓷为主，白色滋润，青如天蓝，釉色极美，还以铜红釉和天青釉相结合，形成红紫斑和海棠红等独特釉色。官窑的产品则多有纹片，闻名于世。此外，陕西的耀州窑生产的青瓷，河北的磁州窑生产的缠枝牡丹、水、鱼图案的各类生活用品也都非常有名。

南宋定窑白釉瓜式提梁壶

高 13.5 厘米　口径 7 厘米　现藏故宫博物院

定窑的产品以白瓷为主，制作精细，工艺精良，其产品以碗、盘为主，壶类并不多见。此件通体作六瓣瓜棱形，圆腹，口向上呈水平状，釉色白中微黄，胎质细腻莹白，是定窑中的精品。

北宋磁州窑刻花牡丹纹瓶

高 43 厘米 宽 14.2 厘米 现藏美国波士顿美术馆

磁窑为北宋著名民窑，生产碗、盘、盆、罐之类生活用品，以及瓷枕和儿童玩具。胎质坚细，白中带黄，多用绘花、剔花等技法绘制缠枝牡丹、花卉禽鱼图案，深受民间欢迎。

北宋耀州窑飞鱼形注水盂

高 9.3 厘米 长 14 厘米 宽 7.4 厘米 辽宁北票辽墓出土 现藏辽宁博物馆

此件作品为注水文具，造型独特，设计新颖，反映了北宋工匠的创造性和丰富想象力，耀州窑的刻花印花工艺可与定窑相媲美。

宋代景德镇窑影青瓜形瓷瓶

高 17.6 厘米 现藏台北故宫博物院

这件江西景德镇窑瓷瓶涂浅青色釉，器形大方美观，胎体晶莹剔透，是宋初的佳品，流行于长江中下游地区。

南宋龙泉窑青瓷凤耳瓶

高 17 厘米 底径 6.7 厘米

杭州古荡出土 现藏杭州博物馆

折沿平唇微向上，高颈斜肩，桶腹卧足，形制规整。饰粉青釉，釉层均匀，肩部以下呈冰裂纹，颇具南宋制瓷风格。

北宋白瓷枕

长 40 厘米 宽 20 厘米 1981 年洛阳出土 现藏洛阳博物馆

此枕或为磁州窑所产，其线条流畅，纹样独特。枕面所刻画的图案是仙女送子。

南海 1 号沉船出水的部分瓷器

这艘在广东阳江发现的沉船残长 22.15 米，宽 9.9 米，有十四道舱壁板，在前往南亚时沉没。船中丝绸、纸张等皆已无存，瓷器 1.3 万余套，以及大量铜器、铜钱正在逐步清理。瓷器大部分产自江西、浙江、福建。反映了南宋海外贸易的发达，商品经济的活跃，以及海上丝绸之路的通畅。

南方诸窑中，处州的龙泉窑、江西的景德镇窑，都生产出一流的精美瓷器。浙东龙泉窑生产的青黄色釉和花纹装饰，其各类日用品以及文具用品、今古器具，使用了两种独特的釉色，其中之一是粉青釉，釉层有气泡和石英颗粒，给人一种又似玻璃又似玉质的感觉。江西景德镇窑生产的白中透青的影青瓷，是瓷器中的精品，种类有杯、碗、碟、盘、各类酒具，还有造型美观的瓷枕。临安官窑烧制的青瓷，晶莹润泽，犹如美玉。南方的瓷器生产，在手工业中占据突出位置。无论是官窑、龙泉窑，还是景德镇的碗碟，深受川广荆湖福建人的欢迎。福建泉州、福清以及广州、潮州的瓷器，大都通过海上丝绸之路销往国外。这些瓷器，极受海外人士的欢迎。直至今日，仍有外国人赞美“宋代陶瓷才是贯通古今的东西，人类所能得到的最美的器物”。

丝织品精美绝伦

宋代养蚕植桑，生产丝织品的重心已由北方转移到南方。北宋初，东南诸路和四川地区缴纳的丝织品占总数的四分之三。两浙路则占三分之一强。总体来说，丝织品的生产水平，南方优于北方，西蜀水平尤高。北宋平蜀后，将织工二百人迁至汴京，置织锦院。丝织品花样品种有所增加，罗花机和提花机的发明产生，使染色提花技术均有提高。虽然农村家庭仍是丝织业的基础，但在北宋已出

1975 年福州黄升墓出土的对襟广袖袍

黄升是一位士大夫人家的媳妇，出嫁一年而卒，年仅 17 岁。此墓出土黄升平日穿着的衣服如衣裤裙鞋鞡以及丝织品共 334 件，有罗、绢、绉纱、锦、缎等织品。这件衣物质地轻柔，色彩斑斓，领缘、对襟、袖口都有花边，连枝或折枝织花技艺精湛，显示了南宋丝织业的发达。

现了专业生产的丝织作坊，各级政府也设置专门作坊，供皇室和官府消费。北宋征收的上贡丝织品，皇祐间为847万匹，元祐间达到1445万匹，为唐代的十倍。南宋绍兴二年（1132）因宋金战争，岁额则降为396万匹，但此后又急遽上升，达到1000万匹以上。

两浙、四川是全国丝织业的中心，这些丝织品普遍特点是细密轻薄，北宋人张咏曾写诗道："维扬软縠如云英，亳郡轻纱若蝉翼。"南宋诗人陆游记载："亳州出轻纱，举之若无。裁以为衣，真若烟雾。一州惟两家能织，相与世世为婚姻，惧他人家得其法也。"亳州在南宋时期已入于金，然而这种薄如蝉翼的纱罗，不仅为亳州所独有，北宋扬州已有软縠如同轻云一般。近年来，在福州、浙东、江西发掘的宋墓中，已经出土了甚多南宋妇女平日穿着的衣物，其丝织品有罗绢、绉纱等品种，其质地的轻薄，完全印证了诗人的记载并非虚誉。

宋代还有一种丝织品叫织锦。四川和苏杭两地所生产的丝织品被称为蜀锦和宋锦，工艺精湛，缂丝工艺亦极其复杂。而棉花的种植和棉织业在宋代方兴未艾，只是尚未能代替民间日常生活用的麻布和丝绸。文献记载，宋代棉花种植最先在两广，后来流传至江南。棉纺织技术在两广则最为突出，然而1966年在浙东兰溪出土的南宋墓中，却出土了一条保存完好的棉毯，独幅织成，长2.5米，宽1.16米，表明宋代已经有了宽幅的棉织机。

南宋沈子蕃缂丝青碧山水图（局部）

纵88.5厘米 横37厘米 现藏故宫博物院

缂丝是丝织艺术品，既不同于织锦，也不同于刺绣，是用经纬线单层平纹交织花纹，正反两面组织花纹颜色完全相同，织物匀薄。

2003年南京高淳花山宋墓出土的女式短袖背子和长裙

这两件衣服轻如蝉翼，仅重30余克，可见宋代蚕丝工艺和罗纱的织作业技艺之高超。

煤炭和炼铁

煤炭在宋代被称作石炭，到宋代，开采煤炭已成为北方的重要产业。由于煤炭的大量开采，宋代河东北、河南一带居民都以煤为取暖做饭的主要燃料。史料记载，河东路地寒民贫，仰石炭以生，家有囊橐之具。西北处处有石炭，为利甚博。开封百万人口，全仰石炭，无一家燃薪。北宋在产煤区设石炭务，官卖石炭。江西等地的煤炭也已开采。1959 年，河南鹤壁市中兴煤矿在生产中发现宋代采煤工作面，宋代矿井为圆形，直径 2.5 米，深 46 米，有较大巷道四条，全长 500 余米，通向八个采煤区，巷道高 1 米，上窄下宽，上下为厚 6 米的煤屋。有灯龛上百个，还有排水井。据矿井遗留的瓷碗、盘、罐、石砚，确定为宋代文物，应是一处较大的煤矿。

而冶铁业在宋代的遗址也屡被发现，如在河北邢台、安徽繁昌、福建同安等地，都发现过宋代冶铁遗址，是冶炼生铁的作坊。而且当时炼铁已使用煤炭冶铸，火力增强，大大提高了铁的质量。苏轼有一首诗题写道："彭城旧无石炭，元丰元年十二月，始遣人访获于州之西南白土镇之北，以冶铁作兵，犀利胜常云。"彭城就是徐州，北宋属于京东西路。这是冶铁使用煤炭的例证。北宋的冶铁多由政府控制，仁宗皇祐间，年得铁 720 余万斤。另外，冶铁的鼓风设备已由过去的使用皮囊改为使用木风箱，加大了风力。到了南宋以后，北方铁矿资源已为金所有，南方铁矿不足，高宗时，采用鼓励民间冶炼和改进冶铁技术的措施，年产曾达到 216 万斤，但也仅及北宋的四分之一。

宋代矿冶的生产，较重要的还有铜、锡和金银的冶炼。总的来看，北宋的产量远超南宋。比如铜生产，宋神宗变法期间，曾达到年产 1400 多万斤，而南宋绍兴三十二年（1162）只有 700 万斤。神宗时铅年产 919 万余斤，孝宗时只有 19 万余斤。

明宋应星《天工开物》卷中《燔石》11之《挖煤》图

书中谈到挖煤，井深须至五丈以上，且须用竹筒排除井内毒气，制作支木以防巷道崩塌。据此可以推知，宋代煤矿也应有了此类措施。

《天工开物》卷下《五金》14之《淘洗铁砂》图

北宋元丰元年（1078），负责矿产的坑冶司统计，是年产铜1460万斤，产铁550万斤。北宋生产的铜铁主要供应铸钱和兵器。据载，北宋铸钱三百万贯，最多达到五百万贯，是唐代的二十倍以上。

造船业的兴盛

北宋发达的造船业，集中在浙江、江西、湖南等地，每年所造漕运官船就达三千多艘。官营作坊制造漕船和各类战船，而民营作坊制造商船和游船。北宋设造船务，各州军设立营作坊。内河航行的船舶，最大有万石船，海船载货物可达两千斛。北宋末年，出使高丽的客舟，长十余丈，深三丈，阔二丈五尺，可载二千斛粟，即两千石粮食。而同行的神舟，长阔高大，什物器用人数，皆三倍于客舟，当属随行的用于贸易的远洋海船。海船具有抵御风浪的能力。北宋时期制造船舶的能力在当时远超西方，主要造船业集中在明州、福州、泉州、广州等沿海城市。

宋汴河船模型

此模型系据《清明上河图》仿制，长 86 厘米，宽 25 厘米，高 62 厘米，为内河平底船。上立纤杆，供人拉纤，可放倒或升起。有绞车操锚，有舵控制方向。其载重在 30 吨以内。有的内河船能载米一万余石。

南宋造船业更加发达，泉州有规模很大的造船厂，专门制造海船，其遗址近年已有发现。当时大的海船，载重几万石，深阔各几十丈，大北宋船只几倍。建炎三年（1129）冬，宋高宗在金兵追击下入海南逃，临时就从明州等地征集到海船三百艘。内河航运的船只种类很多。南宋初年，钟相、杨么在洞庭湖起义，以车船和楼船做战舰，车船有三层，高十丈，可载千人。稍小一点也有数丈，船上用轮激水而行，快行如飞。绍兴三十一年（1161），虞允文在长江的采石矶抗金，除使用车船外，还用了海鳅船，这种战船运转便捷，利于在宽阔的江面上作战。

宋人航海，除了有经验丰富的纲首、艄公、舵工等船长、水手外，船上都配备了储存淡水的装置，比如水柜、贮水的瓶罐，以及充足的食物和航海罗盘。“商舶之船，自入海门，便是海，茫洋无畔岸，其势诚险。……风雨晦冥时，惟凭针盘而行，乃火长掌之，毫厘不敢差误。”宋人通过航海，与日本、高丽及东南亚、阿拉伯各国进行贸易，交流有无。各国商人也纷纷渡海来到中国进行贸易，不少人搭载宋朝的海船。北宋时期，设置在东南沿海的市舶司贸易年收入约在 50 万贯上下，而南宋时期就达 200 万贯。

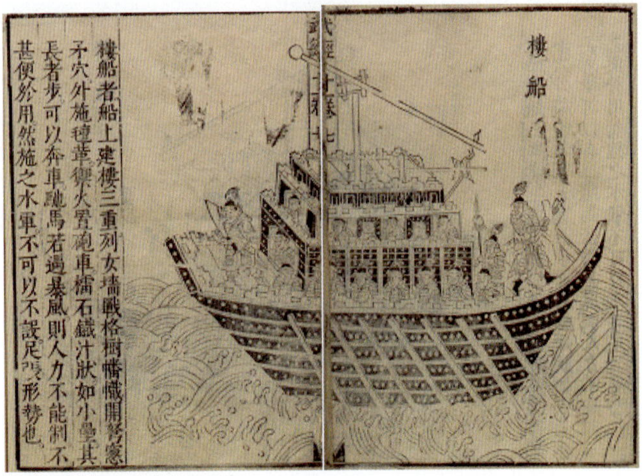

宋代水军所使用的楼船

楼船有三层舰楼，铺设毡革、战格，有对外施射箭弩的窗口。宋人以为，楼船主要用于壮大军威，震慑敌人。

宋代的海船模型

模型长 177 厘米，宽 60 厘米，高 185 厘米。原船 1974 年在泉州海滩出土，据船体结构和舱内遗物判断，这是一条多桅多舱的对外贸易海船。船舱内分为十三个密封舱，可以保证船体的安全。海船的载重大，较内河船只更坚固，中等海船也可达到五六千料（石）。

教育篇

设立太学

宋代立国之初，即奉行重文轻武的政策，重视教育。宋太祖在京师设立国子监，允许七品以上官员的子弟入学。初兴时规模尚小，庆历四年（1044），范仲淹改革体制，倡导教育，诏国子监仿汉制，立太学，收录八品以下子弟及庶人子弟之优异者，以湖州教授胡瑗为国子直讲。神宗时，王安石当国，于熙宁四年（1071）立太学三舍法，收外舍生二千人，内舍三百人，上舍一百人。设祭酒、司业、博士、直讲等官员，任学校的管理和教学工作。同时实行私试，作为下舍升内舍、内舍升上舍的依据。徽宗时，太学生员最多时达三千九百多人，即外舍三千人，内舍六百人，上舍三百人。南渡以后，太学的恢复较晚，绍兴十三年（1143）始建太学，有太学生七百人。至宁宗时生员仅有一千七百余人。

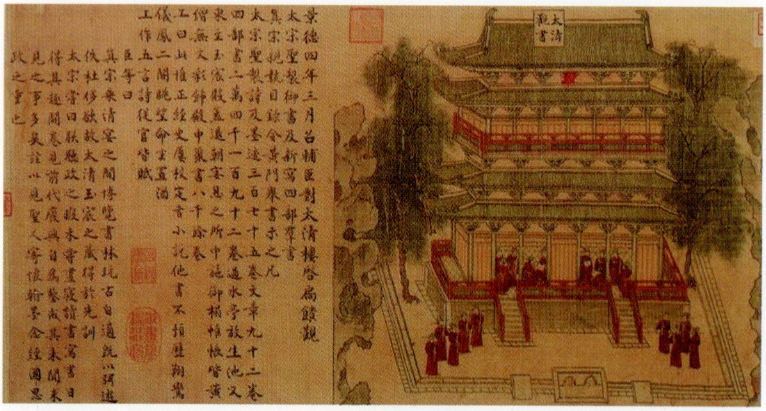

《太清楼观书图》

这幅画为《景德四图》之一，表现的是景德四年（1007）真宗与群臣在皇家图书馆观书的情形。画家用朴实的界画笔法，描绘了太清楼的细节。太清楼是北宋三馆的藏书楼。

太学生的升格条件比较严格，因为上舍生可以直接参与殿试，基本上等于登第入仕，不另外黜落。所以，后来由外舍升内舍都要经过朝廷派来官员执行的公试，不是学内私试所能决定。因此，宋代太学生社会地位较高，而两宋太学生参政议政的积极性也比较高。北宋末年，太学生陈东率数百太学生上书请求惩治蔡京等六贼，又伏阙请愿，请钦宗恢复被罢免的李纲宰相职务，参与的市民和兵卒有数万人。高宗即位后，陈东被召南京应天府，适逢李纲罢相，陈东上书力言不可，并请亲征，迎归徽、钦二帝，触动高宗和奸相黄潜善、汪伯彦所忌，被高宗所杀。尽管如此，南宋中期以后，太学生干政更其常态化。庆元元年（1195），韩侂胄贬逐赵汝愚、朱熹等伪学一党，太学生杨宏中、周端朝等上疏反对，受到迫害，被称为庆元六君子。理宗开庆元年（1259），太学生陈宜中等人上书，反对丁大全当政误国，也被称作开庆六君子。淳祐四年（1244），又有太学生、武学生、京学生、宗学生三百多人相继上书，抨击权相史嵩之误国。终南宋之世，由太学生兴起的学潮接连不断，直到南宋灭亡。

北宋的州学

州学的建立，是在北宋真宗时期。北宋建国以后，并未创建州学。宋真宗乾兴元年（1021），兖州守臣孙奭私建学舍，聚集生徒讲学，是为州郡建学之始，而当时其他州郡都未曾设置学校。仁宗景祐四年（1037），诏令藩镇建立学校，但并未得到执行。明年即宝元元年，颍州守臣蔡齐奏请州郡立学，于是较大的州郡开始有了州学，而较小的州郡尚未建立。庆历四年（1044），诏诸路州军监各令立学，州学生在学三百日，可以参加秋试。学者二百人以上，允许另置县学。从此，各州郡无不有学。而州学教授一职的正式确认，及由中书门下省委派，则在熙宁六年（1073）。于是，各州郡不设置学校的地方就比较少见了。

到了王安石变法之际，开始将太学的三舍法推行到州郡之学，州学地位上升。徽宗初曾下诏，天下取士，悉由学校决定升贡，州

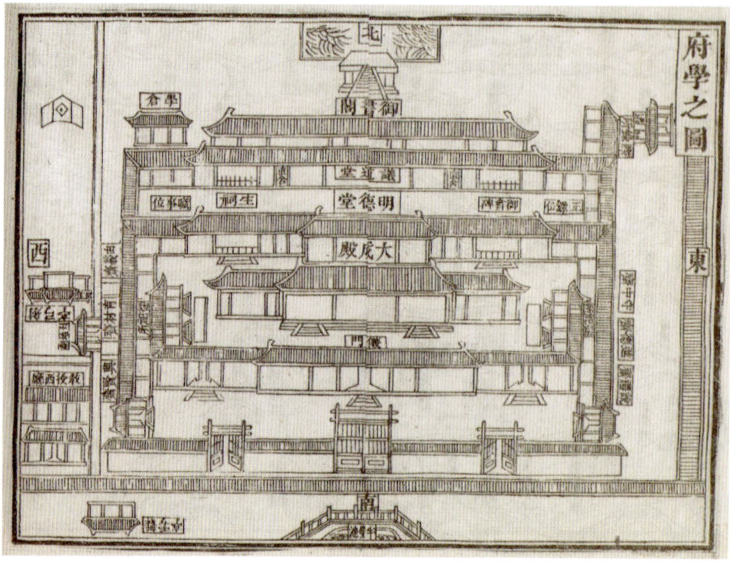

建康府府学图

图中大成殿祀孔子，明德堂、议道堂为礼堂和教室，说理斋、道德斋等六斋为生员宿舍，御书阁为图书馆，又有教官等官舍。

郡发解举人及州郡举试礼部法并废，每年考试上舍，悉差知举官，同礼部试一样规格。各州学别置斋舍，以藏材武之士，赐天下州学藏书阁名为稽古阁。崇宁元年（1102），诏天下州县并置学，设州教授两员，县置小学。县学生优秀者可选送州学。州学生三年一试，升送太学，入太学后经考试，分三等补入太学各舍。一时州学极盛，全国二十四路，有学生十六万余人。这一举试办法，到了宣和三年（1121）才被废罢，又恢复了各路推举考生参加礼部试的办法，只有太学仍实行三舍制。

北宋州学的创建和普及，推动了教育事业的发展。不仅使经济发达、文化先进的地区的广大读书的知识分子，都能经过正规学校的教育，而且使得经济落后的偏远地区有志于读书的人，也得到了适时接受正规教育的机会，对提高全民族的文化素养起到了积极作用。

南宋书院

书院创立于唐代，多为士人读书处所。五代以后，官学荒废，书院讲学风气兴起。宋代建立，留意文教，选用读书人做宰相，臣庶重视文化教育。到北宋中期，百年之间，州学尚未兴起，书院就担负起培育人才的重任。宋太宗太平兴国二年（977），知江州周述言，庐山白鹿洞书院学徒常数百人，望赐《九经》，使之录习。诏从其请。至道二年（996），诏赐嵩阳书院匾额以及当时刊印的《九经》。真宗咸平年（1001），潭州守臣李允奏岳麓书院修建学舍，有书生六十余人，请国子监降书籍。大中祥符二年（1109），应天府新建书院，赐名应天书院，这就是北宋闻名的四大书院，即白鹿洞书院、嵩阳书院、岳麓书院、应天书院。

南宋时期是书院的鼎盛时期。一些州郡，除了州学外还设有书院。书院的待遇甚至超过了州学。到南宋理宗时期，除四大书院外，尚有茅山书院、石鼓书院、安定书院、鹭洲书院、建安书院、象山

白鹿洞书院外景

白鹿洞书院设在庐山五老峰，南唐创建，宋代逐渐荒废。淳熙六年（1179），朱熹知南康军，重建书院，亲定学规，延请名儒讲学。朱熹、陆九渊、吕祖谦先后来此讲学。白鹿洞书院规模宏壮，为其他郡学所不及。匾额为明人李梦阳所题。

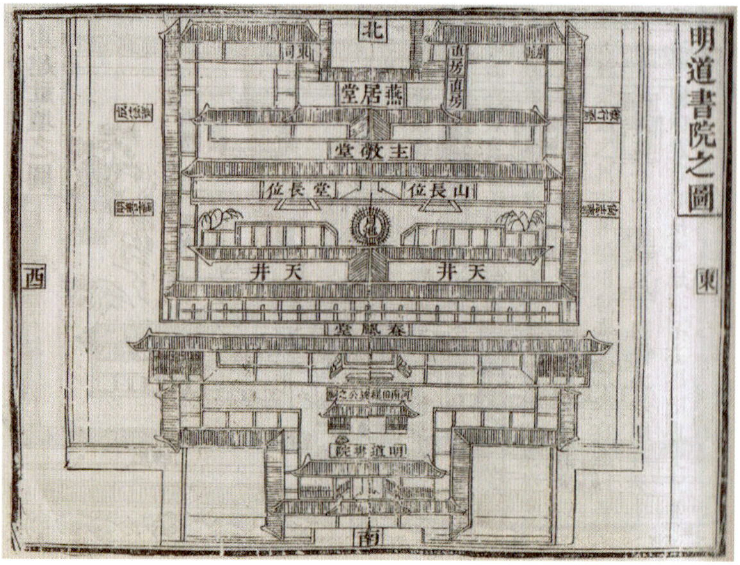

明道书院平面图

明道书院，为淳祐元年（1241）由祠程颢之学宫改建，四年理宗赐名。春风堂为会讲之所，六斋为学生宿舍。

书院等知名书院三百余所。因州学渐至衰败，而私人讲学风气渐盛，理学兴起，学子被私人所办而获得官方支持的书院吸引，纷纷影从，学院大盛。

书院的盛行和理学家在南宋的讲学活动分不开。宋孝宗淳熙五年（1178），朱熹知南康军，见白鹿洞书院荒废，慨然对僚属说："此盖唐李渤之隐居，而太宗皇帝驿送《九经》，俾生徒肄业之地也。"于是属教授和星子令重建书院。朱熹还亲至书院或聘请名家前往讲学，并为书院征集了大批藏书。岳麓书院是朱熹早年和理学家张栻会讲的地方，是湖湘学派的发源地，后来渐渐衰败。朱熹在光宗时知潭州兼湖南安抚使，他凭借行政手段，于州学之外复置岳麓书院，聘请书院山长，亲自督学讲课，为书院制定学规，增置学田，从学者近千人。信州贵溪县的象山书院，原是理学家陆九渊和弟子们讲学之所，从学者颇多。绍定四年（1231）提刑袁甫请于朝，遣上舍生洪阳祖即其地建书院，著名学者汤汉、徐元杰都曾任书院山长。

朱熹讲学的崇安兴贤书院

书院在崇安五夫里籍溪坊，建于南宋孝宗时，朱熹曾在此授徒讲学。

科举的鼎盛时期

宋代继承唐代的科举制度，主要通过进士科选拔人才。三百年间，元臣硕辅，博学鸿儒，清疆大吏，多从此出。宋代科举改革了唐代奔竞私门的弊端，科举考试比较公平地对待贫寒人家的子弟，即给予社会中下层的读书人以同样的发展机遇。除了不孝不悌、工商、僧道归俗等人不许参加科举外，并不限制务农子弟参试。为此，宋朝建立之日起，就废除了考生与知举官的恩师门生关系，并下令台阁近臣，不得以“公荐”名义推荐考生，以防止权贵人物把持科举考试。

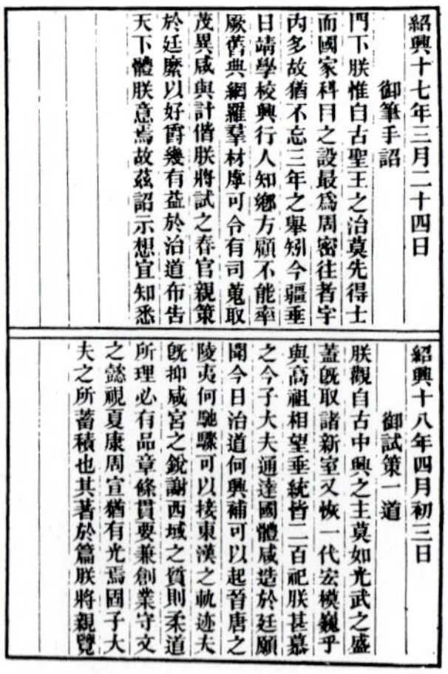
紹興十七年三月二十四日
御筆手詔
門下朕惟自古聖王之治莫先得士而國家科目之設最爲周密往者宇內多故猶不忘三年之舉矧今疆垂日靖學校興行人知鄉方顧不能率厥舊典網羅羣材俾可令有司蒐取茂異咸與計偕朕將試之春官親策於廷庶以好爵幾有益於治道布告天下體朕意焉故茲詔示想宜知悉

紹興十八年四月初三日
御試策一道
朕觀自古中興之主莫如光武之盛蓋既取諸新室又恢一代宏模巍乎與高祖相望垂統皆二百祀朕甚慕之今子大夫通達國體咸造於廷願聞今日治道何興補可以起晉唐之陵夷何馳驟可以棲東漢之軌迹夫既抑咸宮之銳謝西域之質則柔道所理必有品章條貫要兼創業守文之懿覗夏康周宣猶有光焉囿子大夫之所蓄積也其著於篇朕將親覽

題名錄　一

绍兴十八年题名录所载乡试诏及殿试策题书影

宋代于礼部试前一年春发布秋试诏书，各路乡试于八月十五日举行。明年正月在都城举行礼部试。宋代三百余年共举行科举考试 118 期，所录取的进士约有十万人，现仅存《绍兴十八年同年小录》和《宝祐四年登科录》，还因两科有朱熹、文天祥两位名人在榜上才得以保存。今人所编《宋代登科总录》也仅录四万人。

从太宗开始，就制定了较严密的考试制度，实行试卷糊名的弥封制，防止作弊。礼部试之外增加殿试，礼部考试合格后，殿试基本不再黜落。扩大录取名额，由过去每年录取进士不过十余人扩大到一科录取数百人。增加特奏名名额，优惠屡经礼部试而未录取的老举子。又订立《亲试进士条制》，规定试卷由封弥官誊写校勘，然后付考官阅卷。分五等录取，前二等为进士及第，三等为进士出身，后两等为同进士出身。推行三年一试，此法至仁宗时始成为定制。改变旧制及第即命官的做法，除赐及第者外的三四五等，并令守选，经过甄别选用，方可赴调为官。在进士科之外，也保留了诸科如九经、五经、明法、学究及制举等其他科目的考试。此外，到了真宗时期，唐代那种举子预投“公卷”等干扰公平考试的做法，也正式被废除了。从宋初以来陆续推出的科举考试的各类法规，在两宋期间内，大都得到了有效的执行。

宋代科举制度的制定，及其长期推行，改变了唐代以来权贵人物对科举的垄断把持，比较公正地对待所有参与读书应考、争取功名的读书人，使得科举制度调动了读书人的积极性，极大地提高了全社会各阶层人士的文化素质。其积极作用较之唐代大为提高。明清以后，八股文盛行于科举考试，始成为禁锢考生思想的桎梏，科举考试的负面作用开始显现。

宋代殿试情景

这是明人所绘殿试情景。宋太祖开宝五年（972）召对进士于讲武殿，明年亲试进士，为礼部试录取之后加殿试之始。自此以后，遂为常制。

学术篇

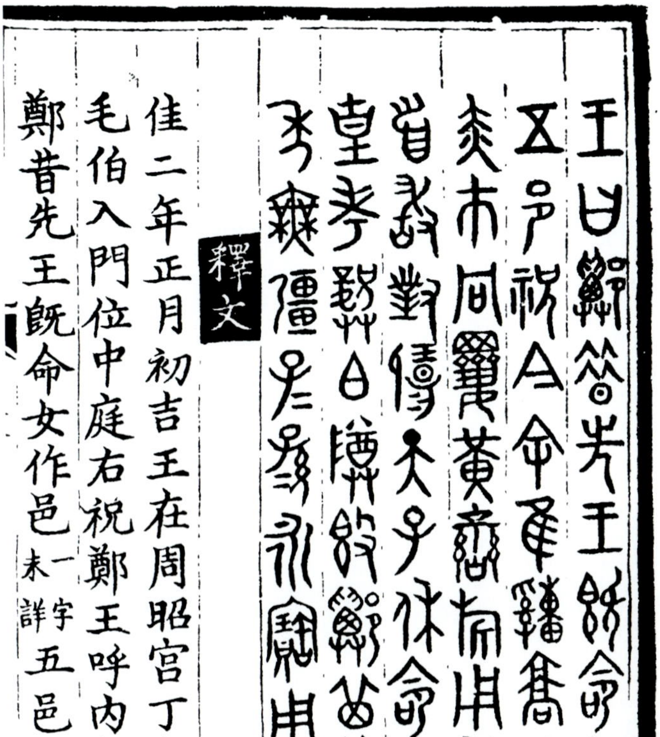

釋文

隹二年正月初吉王在周昭宮丁亥王格于宣射毛伯入門位中庭右祝鄭王呼內史册命鄭王曰鄭昔先王既命女作邑一字未詳五邑祝今余隹亂商

儒学是两宋学术的集中体现

儒学作为两宋学术思想的代表，呈现两个明显的特征：一是改变唐代以来学者专门从事章句训诂，转为深究儒学的义理。二是将释、道两家合乎义理的内容融入儒学，形成新的学派，后人称之为宋学。北宋中后期儒学的代表人物是胡瑗、王安石、张载、程颐、程颢以及周敦颐等人。理学是宋学的重要组成部分，但不是宋学的全部。理学出现的时代是北宋仁宗以后，即周、张、二程等人。而到了南宋中期，把二程一派的理学思想发扬光大并集其大成的人是理学大师朱熹，还有张栻、陆九渊诸人，他们则主要活动在宋孝宗时期。南北宋中期这两个时期，应当说是两宋对文化事业采取宽松包容政策的时期，不同学术背景和流派都被一视同仁对待，因而理学的哲学思想如周敦颐的“太极即无极”，政治伦理思想如朱熹的“齐家治国平天下”和“存天理，去人欲”的主张都在这两个时期得到发展、确立。

张载像

理学的创建者，应当是北宋的张载、二程等人。张载（1020—1078），字子厚，凤翔郿县人，人称横渠先生。嘉祐进士，熙宁中同知太常礼院。其学术以《周易》为宗，认为万物以气为主，主张理在气中。讲学关中，所著有《正蒙》《经学理窟》等。

朱熹像

朱熹（1130—1200），字元晦，号晦庵、晦翁，徽州婺源人，后徙居建阳。绍兴进士，任泉州同安县主簿。淳熙间知南康军，提举浙东茶盐。宁宗即位，自知潭州召为侍讲，不久即罢。庆元间遭遇韩侂胄伪学禁，卒于建阳。朱熹学术传承二程学说，是理学的集大成者。主张存天理，去人欲，正心诚意，居敬求仁。学问渊博，平生致力于著书讲学，其学术思想对元明清三代影响最为深远。

陆九渊像

陆九渊（1139—1193），字子静，号象山，抚州金溪人。乾道进士，曾任敕令所删定官。以进言被劾，归乡讲学。光宗时知荆门军。与朱熹论道，主张多有不合。提出心即理的学说，以为六经皆我注脚。其学为明代王守仁所继承发展，成为陆王学派。

陈亮像

陈亮（1143—1194），字同甫，号龙川，婺州永康人。才气俊迈，喜谈兵。乾道间曾上《中兴五论》，淳熙间三次上皇帝书，极论时事，反对和议，力主抗金。曾两遭陷害而入狱。绍熙四年登进士第一人，明年未赴建康府签判卒。平生倡导事功之学，反对理学家空谈道德性命，与朱熹多次进行王霸义利之辩，不为所屈。所为散文气势纵横，笔锋犀利。所作词也风格豪纵。

铅山鹅湖书院头门牌坊

辛更儒摄

南宋淳熙二年（1175），朱熹与吕祖谦，陆九渊、九龄兄弟相会于书院，就学术问题各抒己见，是为宋代哲学史上一次著名论辩，史称鹅湖之会。

两宋时期，儒学的各种流派都是在相互争论相互排斥中得到发展，最终并存于世的。理学在发展过程中，不但遭遇到北宋晚期蜀学、洛学的党争，还在宋徽宗时期受到统治者政治上打击旧党时的打压。到了南宋宁宗时代又受到庆元党禁的禁锢，被称为伪学逆党。理学的宗师朱熹，也在党禁中郁郁而终。而在学术界，各派之间的争论也从未停息。与理学形成的同时，以吕祖谦、陈亮、陈傅良、叶适等为代表的浙东学派，倡导经世致用，反对理学家们“穷究义理之精微”，倡导学习实践富国强兵、复仇雪耻的学问。其中陈亮甚至和朱熹就所谓“王霸义利”之说进行了长时期的争论。但浙东学派到了南宋晚期，逐渐式微了。而理学到了理宗以后，却形成了一派独尊的局面。

南宋思想家陈亮墓

墓在永康马铺山。20世纪因建太平水库，迁移至此。墓门有明人所书“宋状元龙川陈公之墓”石碑。

史学的发达

两宋史学是中国史学的又一个重要发展阶段。宋代产生了两部重要的史书，成为开创后代史书编写体例的著作。一部是司马光的《资治通鉴》，一部是郑樵的《通志》。

《资治通鉴》采用《左传》的叙事体裁，记述战国至五代的历史，是一部编年体的史书。司马光在编写此书时创立了各种体例，成为后来编写编年体史书的典范。而编写于南宋初年的《通志》，其作者郑樵主张编写通史。《通志》虽也有记载人物事迹的本纪和列传，但主要内容还是天文、地理、都邑、职官、选举、刑法、食货等二十略，全书的宗旨是叙述历代的典章制度变化的沿革。《通志》和宋末元初人马端临编写的《文献通考》，都是通史类史书中的佼佼者。

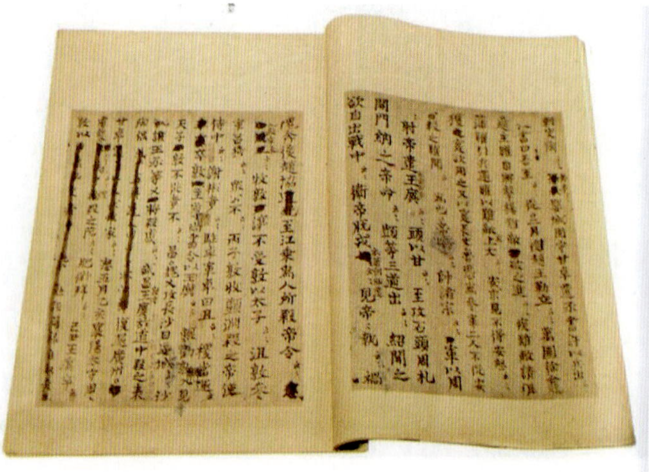

司马光《资治通鉴》手稿

现藏中国国家图书馆

司马光（1019—1086），字君实，陕州夏县人，宝元进士。召试，除馆阁校勘。神宗时擢翰林学士、御史中丞，反对王安石变法，曾与王安石辩论于神宗前。退居洛阳十五年。哲宗即位，以旧党领袖召拜门下侍郎，进尚书左仆射兼门下侍郎，废除新法，罢黜新党人物。司马光是著名史学家，历十九年编纂的《资治通鉴》，上起战国，下迄五代，凡正史、杂史、笔记等无不左右采获，错综铨次，是中国古代杰出的编年史著作。其目的是记述历代的君臣治乱成败安危之迹，以为统治者施政借鉴。

注重当代史的研究和著述，也是宋代史学的特点之一。南宋时期，记载北宋历史的有《续资治通鉴长编》，记载北宋灭亡和南宋中兴的史书有熊克的《皇朝中兴纪事本末》、徐梦莘的《三朝北盟会编》、李心传的《建炎以来系年要录》等。这些著作，考证严密，史实充分，为后人研究两宋的历史提供了丰富的资料。

宋代设置了完备的修史机构，其廷议所商定的重大决策，以及皇帝的言行，随时随地由起居郎、舍人记录下来，交由秘书省，以便纂修宋代历朝实录、日历、国史、会要、玉牒等各类史书。而宋廷修史所临时设置的修史机构，如日历所、实录院、编修会要所、编类圣政所之类，是在完成某项修史任务后随即结局的。宋代非常重视史书的编纂，宋代官修和私修史书的风气也十分浓厚。私家修史，成为宋代官修史书的一个重要补充。尽管很多史书都已失传，但流传下来的数量仍然十分庞大。比如《宋会要辑稿》，就是清末从《永乐大典》中辑录而抢救出来的残缺不全的史书，而其内容则极为繁富。

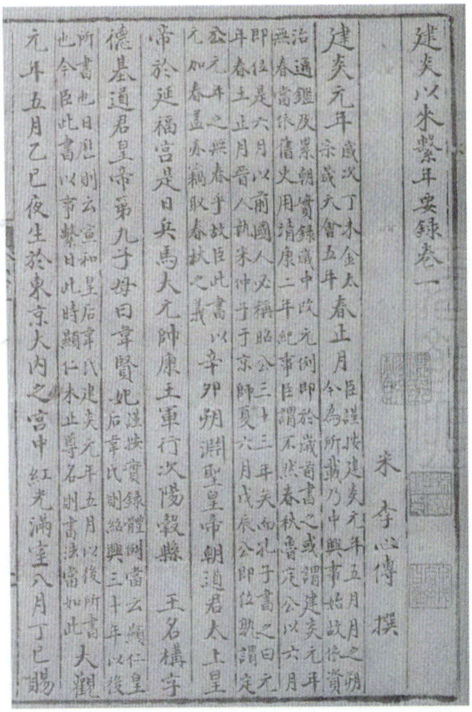
建炎以來繫年要錄卷一
宋 李心傳 撰
建炎元年 春正月
帝於延福宫是日兵馬大元帥康王軍行次陽穀縣 王名構字
德基道君皇帝第九子母曰韋賢妃
元年五月乙巳夜生於東京大内之宫中 紅光滿室 八月丁巳賜

清抄本《建炎以来系年要录》书影

现藏上海图书馆

《要录》作者李心传（1167—1244），字微之，号秀岩，隆州井研人。早年闭门读书，为臣僚所荐，赐进士出身。召为工部侍郎。有史才，立志修纂本朝史。本欲撰写建隆以来至宁宗朝的《系年要录》，现仅存高宗一朝，后人称为《建炎以来系年要录》。

金石学开辟新领域

宋代学者所开辟的另一个新的学术领域是金石学。它把研究的范围从古代文献扩大到古代的金石器物，特别是上面的古文字，成为金石学研究的重点。金指先秦的青铜礼器和这些礼器上所镌刻的铭文。石指秦、汉以来存有图画和文字的石刻及拓片。专门收藏、著录、考证金石文字，在宋代之前不曾有人从事过，而宋人著作，则不仅将古代礼器和石刻拓片编录成册，绘图拓片，还对这些器物的出土地点、文字和内容进行考释研究。这一研究成果和著作，为后世的金石学和考古学奠定了基础。

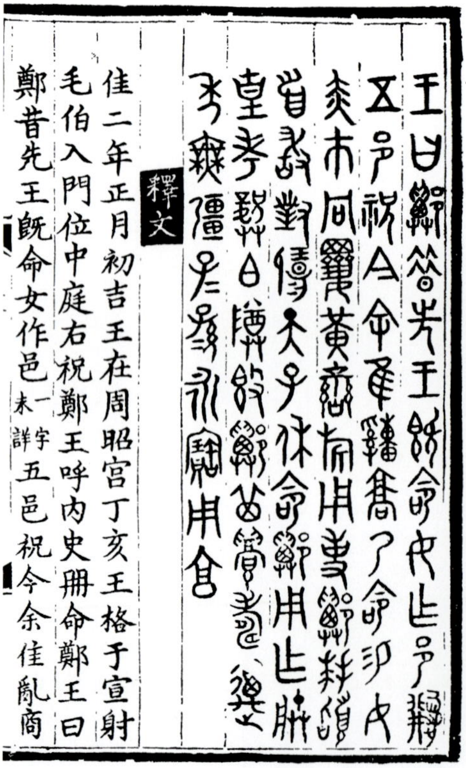
釋文
佳二年正月初吉王在周昭宫丁亥王格于宣射
毛伯入門位中庭右祝鄭王呼内史册命鄭王曰
鄭昔先王既命女作邑未詳一字五邑祝今余佳亂商

欧阳修《集古录跋尾》书影

欧阳修搜集先秦到五代的金石拓片编成目录一千卷，写成十卷《跋尾》，先列原器的铭文，再作释文和考证，共四百余篇。

北宋学者欧阳修和吕大临、赵明诚，都是利用所搜集到的大量金石拓片，以及传世或出土的商周彝器，通过对古器物和文字的描绘、解释和考证，订正史实，研究古代社会。他们的著作就是《集古录跋尾》十卷、《考古图》十卷和《金石录》三十卷。除了这几个人的著作外，宋徽宗时期的《宣和博古图》，收录铜器 839 件，薛尚功《历代钟鼎彝器款识法帖》收录金玉石器 511 件，均为绘图，作释文。王俅《啸亭集古录》、张抡《绍兴内府古器评》也各收金石数百件，属于同类的著作。

宋代金石学所开辟的学术新领域，引起了宋人对收藏文物的兴趣。至今流传下来的有关方面的书籍，还有《宝刻丛编》《古玉图谱》《宣和书画谱》《图画见闻志》《隶释》《泉志》《宣和印史》《汉晋印章图谱》等。

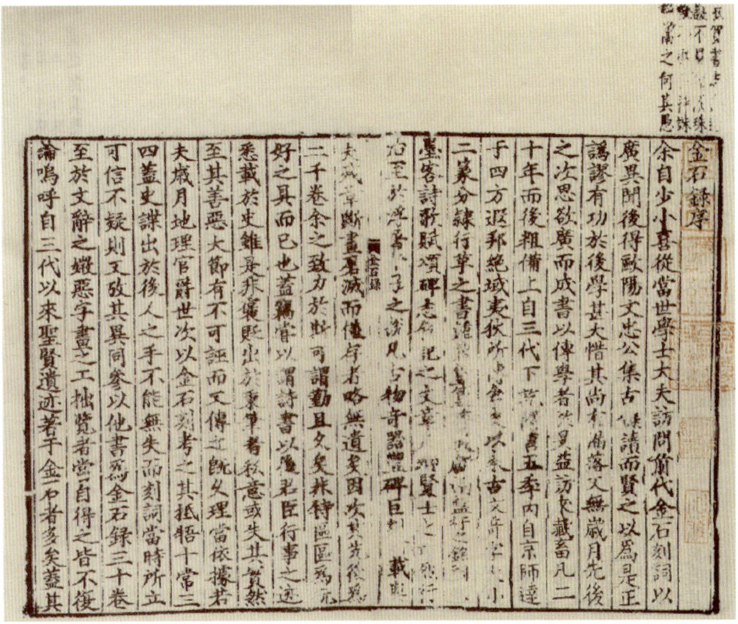
金石録序
余自少小喜從當世學士大夫訪問前代金石刻詞以
廣異聞後得歐陽文忠公集古録讀而賢之以爲是正
譌謬有功於後學甚大惜其尚有漏落又無歲月先後
之次思欲廣而成書以傳學者於是益訪求藏畜凡二
十年而後粗備上自三代下訖隋唐五季内自京師達
于四方遐邦絶域夷狄所[illegible]
二篆分隸行草之書[illegible]
墨客詩歌賦頌碑志[illegible]
[illegible]
[illegible]
二千卷余之致力於斯可謂勤且久矣非特區區爲玩
好之具而已也蓋竊嘗以謂詩書以後君臣行事之迹
悉載於史雖是非褒貶出於秉筆者私意或失其實然
至其善惡大節有不可誣而又傳之既久理當依據若
夫歲月地理官爵世次以金石刻考之其抵牾十常三
四蓋史牒出於後人之手不能無失而刻詞當時所立
可信不疑則又皎其異同參以他書爲金石録三十卷
至於文辭之媺惡字畫之工拙覽者當自得之皆不復
論嗚呼自三代以來聖賢遺迹著于金石者多矣蓋其

赵明诚《金石录》书影

赵明诚，字德父，密州诸诚人，历官知湖州、建康府。此书以所藏青铜器及汉唐以来石刻，仿欧阳修《集古录》例编排成帙。其妻李清照亦笔削其间。后二十卷为辨证，凡收跋尾 502 篇。

地理学的进步和地方志的普及

宋代地理学发达，主要体现在地方志的普及和体例的完善上。宋代地方志的编纂十分普及，各地郡县，多由守令倡议，名儒编写，“讨寻断简，援据公牍，采诸长老所传，得诸闾里所记。上穷千载建创之始，中阅累朝因革之由，而益之以今日之所闻见”而成，已由旧日的图经发展为地方志。宋代所编，有全国性的总志，更多的是各州府县的地方志。还有各种专志如山志、水志、乡村志、寺院志等。内容也由记载地理风物扩大到社会经济文化各方面。如地方志普遍的门类就有城邑、山川、物产、风俗、官署、交通、学校、职官、科举、人物、文献等，几乎涵盖了社会生活的各个方面，成为后世的楷模。

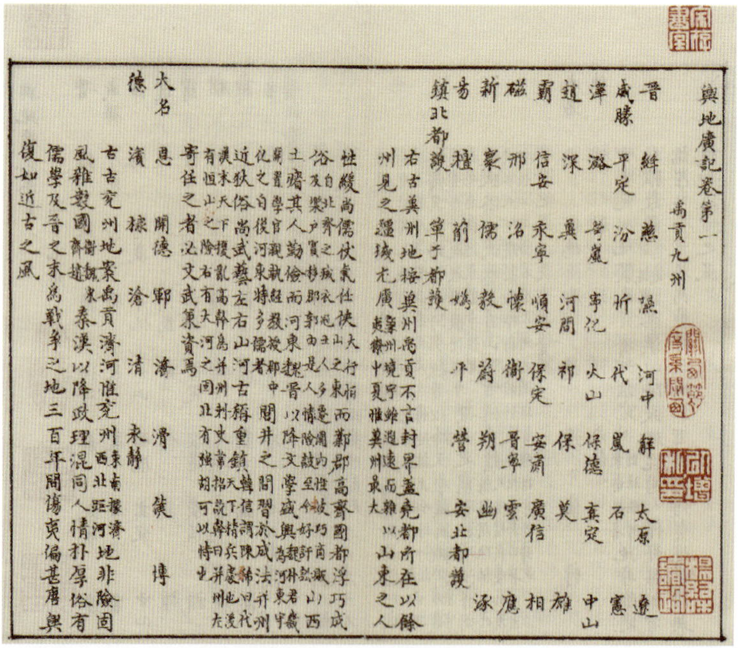

欧阳忞《舆地广记》书影

作者为欧阳修的孙子。此书成于政和间，虽非巨著，但端委详明，较易寻览，被称为地理家之佳本。

中国地方志的修纂由来已久，隋即有《诸州图经集》一百卷。宋真宗时，命翰林学士李宗谔等编纂各地呈送的图经，于大中祥符三年（1010）汇总成《祥符州县图经》1566卷，其书颁行各地。这是北宋时期最大规模的一次修志活动。后出的《元丰九域志》，虽然也包括了全国23路京府州军监县的地理内容，却是在《祥符图经》的基础上简化而成，仅有十卷。北宋编写的地理总志，还有乐史所著《太平寰宇记》二百卷、欧阳忞《舆地广记》三十八卷，南宋则有王象之《舆地纪胜》二百卷、祝穆《方舆胜览》七十卷。不过，后两种偏重于南宋版图内的各地山川名胜，特别是后者，涉及经济人文的内容不多。

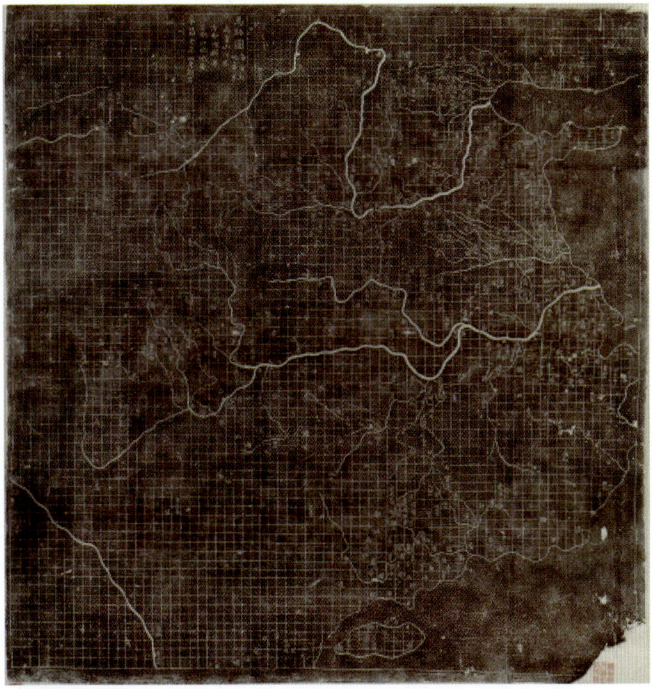

《禹迹图》拓片

原图纵114厘米　横114厘米　现藏陕西省西安市碑林博物馆

此图刻于绍兴六年（1136）。这幅地图是最早带有制图网格的古地图，每一格折地百里，比较清楚准确地记录了中国的版图。图的上方有阜昌七年四月刻石的题记，阜昌是金的附属国齐刘豫的年号，七年即南宋绍兴六年。另一面刻有《华夷图》，标明为岐学上石。

南宋时期，作为一种区域性的地理历史著作，地方志大兴。据《宋史·艺文志》上的粗略统计，南宋人所著不以图经为名，而从题目判断即明确可知的地方志，就有130余种，其中大部分佚失了，至今流传下来的不足30种。从这些流传至今的南宋地方志看，它们已经完全摆脱了以前地理书单纯记叙一地地理的旧规，极大地充实了人文方面的内容，成为地方上涵盖自然和社会各方面的百科全书。因此，宋代地方志所创立的体例，在元、明、清三代和近现代都被继承下来。

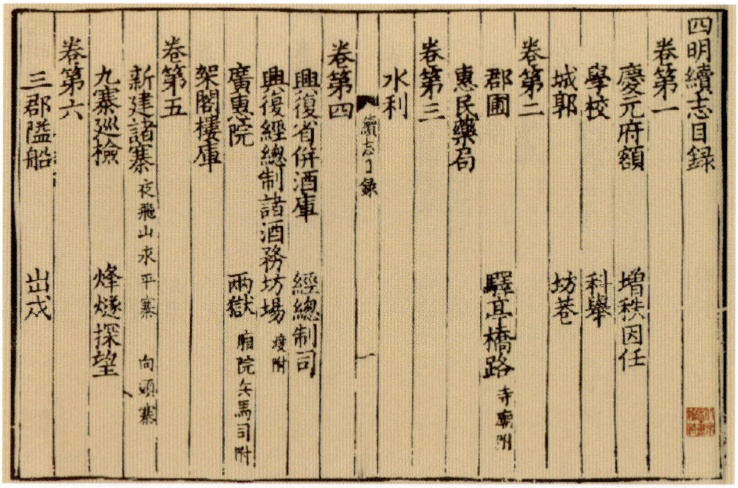
四明續志目錄
卷第一
慶元府額　增秩因任
學校　科舉
城郭　坊巷
卷第二
郡圃　驛亭橋路
惠民藥局
卷第三
水利
續志目錄
卷第四
興復省併酒庫　經總制司
興復經總制諸酒務坊場
廣惠院　兩獄　廂院兵馬司附
架閣樓庫
卷第五
新建諸寨
九寨巡檢　烽燧探望
卷第六
三郡隘船　出戍

《开庆四明续志》书影

此志为府学教授梅应发所著。明州地方志，此前已经有了《乾道四明图经》和《宝庆四明志》。此志对于前两种志书已经记载的内容，基本上不再予以记载，而把记叙重点放在近年来所从事的军事经济文化活动上，并对前志拾遗补阙，这对于了解宁宗、理宗以后明州的社会生活极有价值。

文学篇

独擅时名的宋词

一个时代有一个时代的文学，唐人尚诗，宋人擅词。词是宋代的主流文学，是宋人的文学代表。宋词传承唐、五代词的源流，风靡一世。近人所编《全宋词》，收录1430余位作者的2.08万首作品，可见宋词的繁盛景象。

宋代早期词，受五代西蜀《花间词》、南唐二主词的影响，所写不外酒筵歌席与欢爱感伤离别之作。欧阳修与晏殊等人的词，也不脱绮丽浮艳之风。柳永崛起于仁宗朝，所写词虽受市井习气影响，不离送人别妓的主题，而风格清新，格调平易，开创了宋词的新风。故大江南北，处处能歌柳词。

柳永佳人词意

柳永（？—1053），字耆卿，崇安人，景祐进士，官至屯田员外郎，人称柳屯田。北宋词作家，所作词擅长描写羁旅、伤别和歌妓的生活，是慢词的开拓者。有《雨霖铃》和《八声甘州》等著名作品。

北宋中叶以后，著名文人苏轼，以其自然豪纵的诗风带入词坛，扫荡了传统词的萎靡之风。其“大江东去，浪淘尽，千古风流人物”的气势，“但愿人长久，千里共婵娟”的情怀，引导宋词进入全新境界。苏词“豪放，不喜裁剪以就声律”，对北宋词风的转变发挥了积极作用。北宋词人还有黄庭坚、秦观、贺铸、周邦彦、李清照诸人，虽主张各异，风格不同，但除了黄庭坚，秦、贺、周、李诸人却大都以婉约为宗。其中女词人李清照的词作尤为后人所欣赏。但李清照诗中虽有爱国的情怀，却遵循“词别是一家”的理念，在词中“用浅俗之语，发清新之思”，不涉家国题材。

李清照像

清崔错绘 绢本设色 纵 56.7 厘米 横 56.8 厘米 现藏故宫博物院

李清照（1084—？），济南历城人，自号易安居士，礼部郎中李格非女，知建康府赵明诚妻。自幼有才识，工诗词。早年居于青州，与明诚致力于金石书画的收藏与研究。金人占据中原，李清照避乱南迁，流离中所藏文物丧失殆尽。夫死，再嫁张汝舟，旋离异。晚岁整理赵明诚所著《金石录》，流落而终。李清照是南宋婉约词派的大家。南渡以来，常怀京洛旧事，晚年赋词，皆以寻常语度入音律。炼句精巧，平淡入调。画中李清照倚石而坐，体态自然，线条流畅，颇与清照词风相近。

一代词人苏轼像

元赵孟頫绘 现藏台北故宫博物院

苏轼（1037—1101），字子瞻，号东坡，眉山人。嘉祐进士，自杭州通判知密、徐、湖州，以作诗讽刺新法下狱，贬黄州。哲宗即位复起，官至翰林学士承旨。绍圣初，为御史弹劾，贬惠州安置，再贬昌化军。因赦北迁卒。其词风豪放，开南宋豪放派先河。有《念奴娇》《水调歌头》等名篇。其诗与散文创作同样是北宋的大家。画中苏轼短髯巾帽，腰束丝绦，手持竹杖，仪态从容。

宋词到了南宋，因时迁世异，以辛弃疾创作为首的爱国词异军突起。宋词历来分为婉约、豪放二宗，婉约派被称为词的正宗，豪放派被称为词的别调。辛词以豪放为主要风格，抒写爱国志士反抗金国侵略，主张收复失地的豪情壮志，引起士大夫阶层的共鸣。“千古江山，英雄无觅孙仲谋处”“更能消几番风雨？匆匆春又归去”，不知感动了多少志士仁人。在辛弃疾之前有张元幹、张孝祥、陆游等作家为豪放词开宗明义，在其后有刘过、陈亮、刘克庄等词人追随响应，宋词被赋予了社会责任和历史使命，不再只是怡情冶性的文学体裁。当然，南宋晚期词坛上，还涌现了像姜夔、史达祖、吴文英这样以传统婉约为基调的词作家，他们的身份是豪门的清客，他们的词作言情咏物，所继承的是北宋词人周邦彦的词风，其艺术成就和影响却并不比北宋词人小。

辛弃疾笔下的北固楼雄姿

辛弃疾有词“何处望神州？满眼风光北固楼”，北固楼在京口北固山顶，直临长江，可以登高北眺。辛弃疾登楼，发出深沉的感慨：“千古江山，英雄无觅孙仲谋处。”这是近年重修的镇江北固楼雄姿。

另辟蹊径的宋诗

唐诗尚情韵，宋诗主意理。宋诗在唐诗创造的辉煌基础上继续发展，开辟新的天地。宋诗作者队伍和诗篇存世的数量都远过唐代。

北宋初年，诗坛流行西昆体，杨亿、刘筠等人推崇晚唐诗，专事雕琢，辞藻华丽而内容空乏。仁宗朝，诗人欧阳修力图挽救文坛的颓势，排斥西昆体，黜落崇尚雕饰靡丽之文，文风诗风为之一变。欧诗平易疏畅，以气格为主，虽不能有所超越，但诗风到此一变。同时的诗人梅尧臣作诗平淡，时出苕秀。苏舜钦诗雄放豪隽，冷峻沉着。稍后的王安石、苏轼、黄庭坚都是宋诗的中坚力量，被称作宋诗的大家。王安石出陈翻新，善用语助。以文为诗，浑灏古茂。苏轼天才超迈，是宋代第一大诗人，所作诗题材广泛，豪放洒脱，有一种绝尘出世之美，又有一种绚烂归于平淡之风。黄庭坚认为作诗要力矫率易之弊，主张“无一字无来处”，成为江西诗派的开创者。其诗作善用比喻、对偶，句法奇特，风格高古。王、苏、黄是北宋诗歌最主要的作家。有这样一批大家并驾齐驱，他们的诗歌关心时局、人生和思想，使北宋中后期的诗坛呈现了繁荣兴旺的景象。北宋其他诗人还有陈师道等人。

黄庭坚像

黄庭坚（1045—1106），字鲁直，号山谷、涪翁，洪州分宁人。治平进士，哲宗时为校书郎，修《神宗实录》。绍圣初，以修史多诬，贬涪州别驾，安置黔州。徽宗初，羁管宜州卒。工诗文，擅行草。早年受知苏轼，为苏门四学士之一。诗宗杜甫，倡导言必有据，讲究遣词造句，所作诗奇崛坚硬，开创江西诗派。

陆游像

陆游（1125—1210），字务观，号放翁，越州山阴人。荫补为官，孝宗即位，赐进士出身。乾道六年（1170），赴夔州通判。八年，为四川宣抚使幕僚，后任参议官。淳熙七年（1180）提举江西茶盐，十六年，任礼部郎中。屡被弹劾而罢官。晚年被召修史。他与南渡诗人尤袤、杨万里、范成大并称中兴四大诗人。而作诗最多、成就最大者实属陆游。其诗恢宏豪宕，气势磅礴，鼓吹恢复，为南宋爱国诗的代表。

宋室南渡后，中原沦陷于金人，诗人们难以接受这样的现实。陈与义、曾几、陆游、杨万里、范成大等一大批诗人，写出了不少关心国家命运、主张抗金的诗歌。尤其是“中兴四大家”之首的陆游，平生写诗上万首，才情繁富，多沉郁顿挫、感激跌宕的作品，临死还咏出“死去元知万事空，但悲不见九州同”的《示儿》诗。杨万里诗风格独特，常变格调，写景最工，被称为“诚斋体”。范成大有六十首赋咏农村生活的田园诗，清新中兼有拗峭。南宋还有推崇炼句精巧的永嘉四灵（四诗人的字中每人都有一个灵字，因称四灵），但影响远逊南宋前中期的那些诗人。南宋晚期活跃在诗坛上的主要是江湖派诗人，包括刘克庄和民族英雄文天祥等人。文天祥的《指南后录》是宋末诗歌中最后一颗耀眼的明星。

散文的成就

自明人茅坤编纂《唐宋八大家文钞》以来，世人皆以八大作家的散文作为唐宋文的代表。这八大作家，宋人就占了六家：欧阳修、王安石、苏洵、苏轼、苏辙、曾巩。这六个人都是北宋人。这说明北宋散文的成就超过了唐代。

欧阳修像

欧阳修（1007—1072），字永叔，号六一，吉州庐陵人。天圣进士，曾赞助范仲淹的庆历新政。嘉祐间以翰林学士任枢密副使，参知政事。文学、史学皆有成就，喜奖掖后进，曾巩、王安石、苏洵父子俱受其提携。倡导古文，为宋代散文大家。

宋初古文运动的先驱是柳开、穆修等人。柳开在宋初即推崇韩愈、柳宗元为文章宗主，改偶俪之文为古文。而欧阳修是北宋古文运动的实际倡导者，同其力矫宋诗雕琢之风一样，他对北宋初期诡怪浮靡的文风非常不满，通过自己的古文实践和利用知贡举的时机选拔和黜落应举人考生的行动，表明他的文章弃取标准。当时在政治上很有声誉的官员如范仲淹、富弼、韩琦等人，对古文运动大力支持。在他们的推动下，古文运动获得全胜。此后，身体力行的大作家辈出。王安石、曾巩、苏洵、苏轼相继而起。王安石主张文章

“务为有补于世”，又主张“以适用为本，以刻镂绘画为之容”，即提出内容和写作技巧的一致性。苏轼才华横溢，他的散文主张也与欧、王二人大致相同，他反对五代以来“浮巧轻媚丛错采绣之文”，以及“艰深之辞以文浅易之说”，而他自己的文章则“如行云流水，常行于所当行，常止于所不可不止”。

南宋以后，提倡古文的取向没有发生太大的变化，许多作家都以北宋散文家为学习的榜样。欧阳修、苏轼的文风大行于世。南宋前期中期创作散文的作家群体中，颇有成就的就有汪藻、汪应辰、周必大、朱熹、辛弃疾、陈亮、叶适、陈傅良等人。宋末则有刘克庄、文天祥、谢枋得、周密等人，他们的成就虽不如北宋六家那么大，名气也小很多，但都是北宋时期古文运动的继承者和推动者，后世散文创作的总集中，收录他们的作品并不少见。

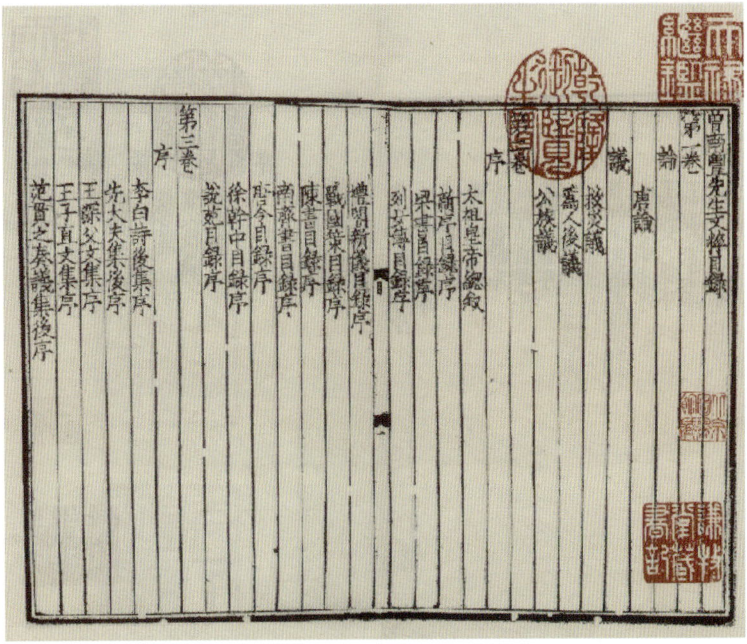
曾南豐先生文粹目錄
第一卷
論
唐論
議
救災議
爲人後議
公族議
序
太祖皇帝總叙
新序目錄序
梁書目錄序
列女傳目錄序
禮閣新儀目錄序
戰國策目錄序
陳書目錄序
南齊書目錄序
唐令目錄序
徐幹中目錄序
說苑目錄序
第三卷
序
李白詩後集序
先大夫集後序
王深父文集序
王子直文集序
范貫之奏議集後序

《曾南丰先生文粹》书影

曾巩（1019—1083），字子固，建昌军南丰人，嘉祐进士。少有文名，为欧阳修所赏识。元丰间判三班院，编纂五朝国史。其所作散文，含蓄典重，雍容平易。

滁州琅琊山醉翁亭

亭匾为苏轼所题。欧阳修庆历间知滁州，饮宴于此，写有《醉翁亭记》，为其散文名篇。首数句即云：“环滁皆山也，其西南诸峰，林壑尤美，望之蔚然而深秀者，琅琊也。”

话本：中国白话小说的源头

宋人小说，可分为文言小说和白话小说两类。宋代之初，李昉所编《太平广记》，专门收集汉初至北宋建立时期的野史小说，形成五百卷的规模，所引之书，今已多半散佚。而李昉言及小说，有“六籍既分，九流并起。皆得圣人之道，以尽万物之情。足以启迪聪明，鉴照今古”语，体现了跨越时代的先进思想。而南宋洪迈所创作的《夷坚志》四百二十卷（今仅存其一半多），是宋代最大的文言小说集，虽以志怪故事为主，却反映社会生活百态。在南宋印行于闽、蜀、婺、临安，已是家有其书。

城市和市民阶层的发展壮大，为宋代话本的创作提供了市场化的需求。宋人在勾栏瓦子中演出小说、讲史和话本，标志着中国古代白话小说正式登上历史舞台。

话本原是说话人故事的脚本。宋人话本的内容，多为佛经中的故事，或者是历史故事，比如讲说三国和五代史甚至讲说宋朝开国的故事。这些故事，在民间广泛流传，一旦由艺人演出，就被称作说话。说话则分为小说、讲史、说经。其中的小说又有传奇、公案、发迹、烟粉、灵怪、杆棒、朴刀等分类，然而大都称作小说。话本小说集则有《京本通俗小说》等。讲说者“说国贼怀奸从佞，遣愚夫等辈生嗔；说忠臣负屈衔冤，铁心肠也须下泪；讲鬼怪令羽士心寒胆战，论闺怨遣佳人绿惨红愁”，须有催人下泪的感染力量。讲说长篇故事的则称为平话。流传至今的长篇故事，如《大唐三藏取经诗话》《五代史平话》《大宋宣和遗事》等，话本小说和平话都是中国白话长短篇通俗小说的源头。比如元明以后的水浒故事、西游取经故事，都是在宋人话本的基础上创作成型的。

北宋仁宗在位时，就曾每日听取一则奇闻怪异的故事，用以自娱。宋高宗退位后喜读话本，身边人就四处搜寻话本和奇闻逸事进御。苏轼也记载涂巷小儿薄劣，家长给钱，令其聚坐听说古话，所讲的就是三国故事。靖康之变时，金人索取的内廷艺人中，就有“杂剧、说话、弄影戏、小说、嘌唱、弄傀儡”等一百余家，可知当时从事讲说话本的艺人已经成了职业表演创作者。陆游诗中的“死后是非谁管得？满村听说蔡中郎”，也可见话本小说在宋代的普及程度。

《唐僧取经图册》

元王振鹏绘

原图共32幅，此为第14图，内容是《佛影国降瞿波罗龙》。原画册在中国久佚，20世纪90年代发现于日本。唐玄奘西天取经故事，宋元时期广泛流传，此组图所绘，除比较熟悉的流沙河降沙和尚、八凤山收猪八戒之外，余如张守信谋唐僧财、飞虎国降大小班、五方伞盖经度白蛇等皆闻所未闻，显非明代《西游记》之源头。而宋人话本《大唐三藏取经诗话》，虽文字比较简略，但仍是取经故事的直接来源。

艺术篇

崇尚意趣的两宋书法

两宋皇帝大都重视书法，多擅长书法者。宋太宗、仁宗都善飞白书，宋徽宗赵佶自创瘦金体书，开启一代书风，最为擅名。宋高宗等南宋皇帝也大都能书。

宋人书法继承和发展了唐、五代的书风，以意趣为主，形成崇尚意趣的书风。苏轼的言论颇能代表宋人书法的趋向："书初无意于佳乃佳尔。草书虽是积学乃成，然要是出于欲速。古人云'匆匆不及，草书'。此语非是。……吾书虽不甚佳，然自出新意，不践古人，是一快也。"在这种思想的指导下，北宋中期书法改变了宋初书法对唐代书法亦步亦趋的局面，涌现许多能书者。北宋四大书家蔡襄、苏轼、黄庭坚、米芾，其书学活动主要都在这一时期。蔡襄法度严谨，流传至今的墨迹有二十余件。苏轼书法不践古人，别出新意，墨迹与集帖颇多。黄庭坚工于行草和楷书，草书为宋代之最，行草效法颜真卿和怀素。其论书则称"下笔痛快沉着，最是古人妙处"。米芾风骨豪迈，尤擅鉴赏。除宋四家外，北宋前中期的李建中、范仲淹、欧阳修、王安石，后期的蔡京、薛绍彭，也都是北宋著名的书法家。

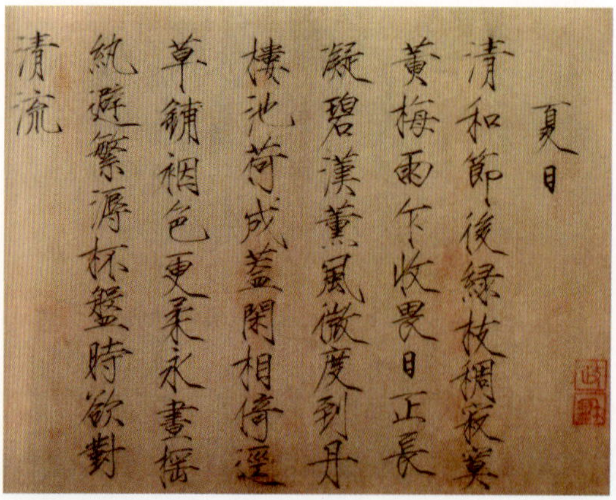

赵佶《夏日》诗帖

纵 35 厘米 横 212 厘米 现藏故宫博物院

此帖书自赋七律诗一首，书法瘦劲挺拔，秀丽俊爽，是赵佶自创的瘦金体书的代表作。

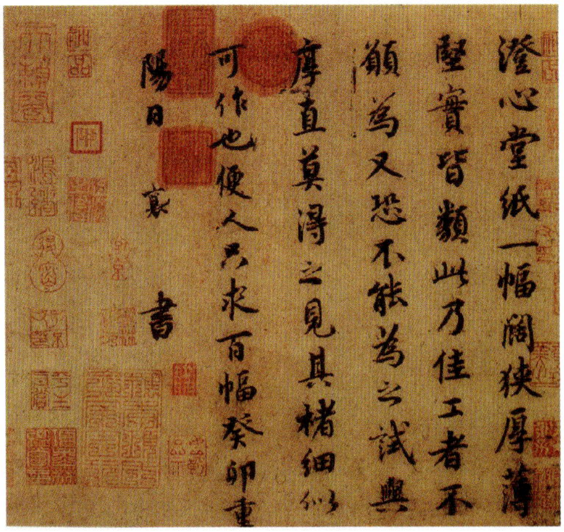

蔡襄《澄心堂》帖

纵 24.7 厘米　横 27.1 厘米　现藏台北故宫博物院

蔡襄（1012—1067），官君谟，兴化军仙游人。天圣八年（1030）进士，知制诰，后知开封府、福州、泉州、杭州。蔡襄此帖楷书，字法二王、虞世南、颜真卿，笔力浑厚，气势宏大，是其楷书中的精品。

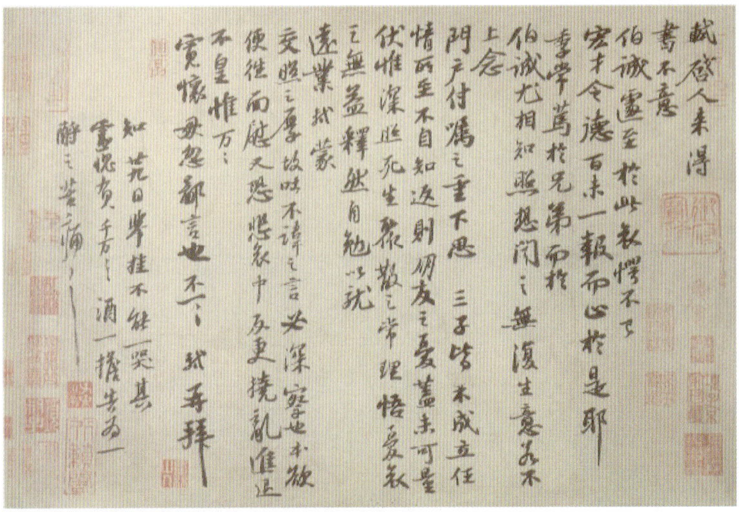

苏轼行书《人来得书》帖

纵 29.5 厘米 横 45.1 厘米 现藏故宫博物院

此书致友人陈慥，慰其兄伯诚之去世。董其昌评云：“帖则杜老所谓‘斯须九重真龙出，一洗万古凡马空’也。”

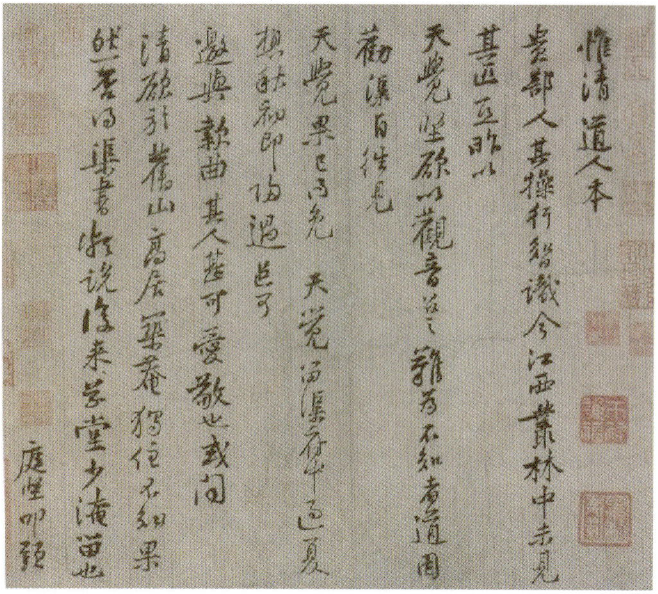

黄庭坚行书《惟清道人》帖

纵 29.4 厘米 横 32 厘米 现藏故宫博物院

此帖作于其五十岁时，书风端稳古雅，有唐人法度，与其行楷书风格有所不同。

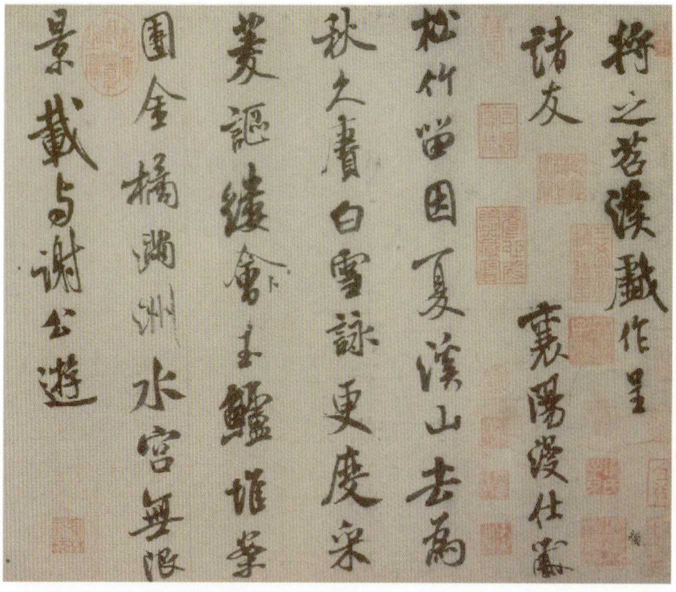

米芾《将之苕溪》诗卷

纵 29.5 厘米 横 189.5 厘米 现藏故宫博物院

此帖作于元祐三年，是米芾早年所作，书风谨严劲健。

南宋书法继承了北宋的书风。南宋前期苏轼书风大行于世，李纲、岳飞、韩世忠的墨迹都学苏轼。而吴说书学唐人，还创出游丝书。吴琚书学米芾，颇得米芾神采。南宋中期以后，则有陆游、张孝祥、范成大、朱熹等人著称于世。陆游书法仿效苏、黄，书体纵逸修长，恣肆超逸。张孝祥书法学颜真卿，深得宋高宗、孝宗的称赞。范成大亦效法苏、黄、米，婉转遒利。朱熹书则追踪汉魏，圆转流畅。南宋后期书法家则有张即之、赵孟坚等人。张即之书法继承其伯父张孝祥风格，又参以唐宋书家笔意，法度严整，笔有新意。赵孟坚纵逸横放，挺拔劲健。

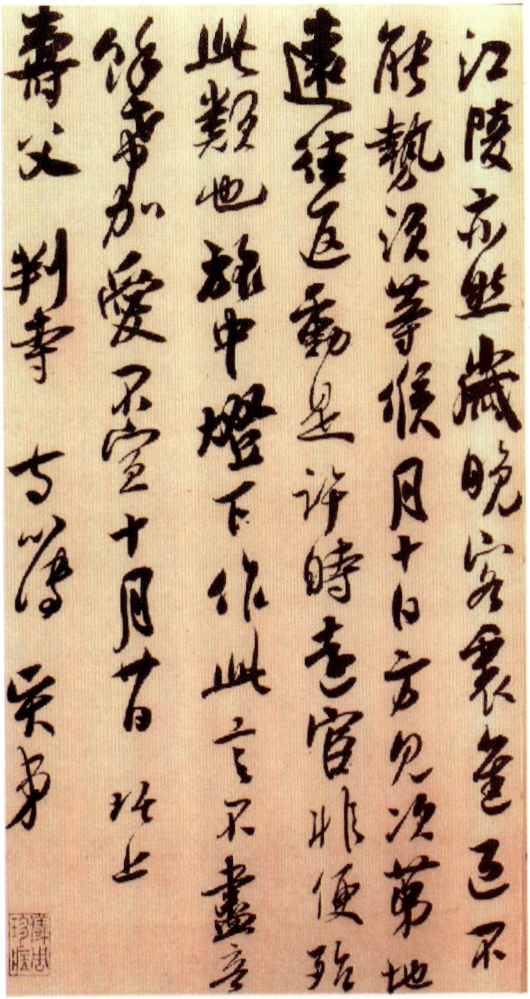

吴琚《寿父帖》

纵 32.9 厘米 横 48.9 厘米 现藏故宫博物院

吴琚字居父，号云壑，开封人。父益，高宗吴皇后弟，母为秦桧长孙女。位至少师。工字画，其结字险劲，风格类米芾。

绘画的辉煌

宋代绘画全面发展，超过了唐以前的各个历史时期，山水、花鸟、人物、界画都空前繁盛。由于统治者的极大重视，宋代出现了以宫廷画师为主的院体画，和以文人墨戏为特点的文人画。工笔画和写意画开始形成各自的流派，但两宋的画风，其主流仍然是写实的。

北宋山水画继承了五代南唐著名画家荆浩、关仝、董源、巨然的风格，著名画家李成、范宽、郭熙，是北宋早中期人。李成的画气象萧疏，烟林清旷。范宽画峰峦浑厚，气势磅礴。郭熙画则秋山明净，春山绮丽，有高远、深远、平远的画山理论。而米芾、米友仁父子运用水墨渲染，画出云雾迷漫的江南烟雨山水。北宋的花鸟画融合了五代后蜀和南唐黄筌、徐熙富贵、野逸的不同风格，形成北宋花鸟画的独自特点。苏轼、文同的画竹，多用没骨法。崔白所画花鸟形神兼备。宋徽宗的花鸟在北宋最负盛名，用极精确的笔墨，工笔着色，生动地描画了花鸟的形态，配以所赋诗句，和其独特秀劲的瘦金体书法，成就诗书画三绝，出神入化。北宋的人物画以李公麟、张择端为代表，李公麟所画的五马和释道画维摩天女，人物形象准确，线描灵活生动，顿挫曲折，是极为难得的写实画家。张择端画清明上河的城市风光，数百人物各具姿态，极少雷同。

北宋初，宫廷中已成立翰林图画院，通过考试选拔画家入院。到了徽宗时期，画院的发展达到极盛，很多优秀画家都在画院任职。南宋时画院复建，继续培养和造就了一批绘画人才。李唐的山水、人物画都很出名，他以斧劈皴刻画山石的雄壮，简洁而豪放，开南宋山水画峭拔雄奇的一代画风。继起者有南宋中后期的马远和夏圭，二人的山水画，抛弃了传统的全景式布局，常常将一个局部山水作为绘画的重点，“峭峰直上而不见其顶，或绝壁直下而不见其脚”，据说是用以嘲讽南宋的半壁江山，马远因而获得“马一角”的称号，而夏圭也被人称作“夏半边”。南宋的著名人物画家，是李嵩、刘松年、梁楷等人。李嵩画市井村落间的货郎图，以儿童妇女生活为题材，梁楷专工写意简笔人物，刘松年山水人物俱工，与李唐、马远、夏圭并称南宋四大画家。南宋的花鸟画家有林椿，所画芙蓉、林檎色彩芳艳，李迪善画花竹鸟兽，形象逼真，杨无咎是画梅大家，闲野清淡，高雅不俗。

范宽《雪景寒林图》

绢本水墨 纵 193.3 厘米 横 160.3 厘米 现藏天津艺术博物馆

范宽（950—1032），华原人，北宋杰出的山水画家。早年师从荆浩、李成，后寓居终南，体验云烟风月，故下笔如神助。这幅画中群峰叠嶂，气势雄峻，枯枝老干，苍劲挺拔。山间村居，有人张门望雪。作品结构严谨，用笔苍润浑厚。

李公麟《维摩天女图卷》

图中维摩诘倚几坐于榻上，渊默而深沉。身后侍立的天女衣着华贵，清秀脱俗。画作以白描手法刻画人物的面貌和器物，线条疾徐有度，表现绢质衣袖，飘然如临风而动，有唐代吴道子的遗规。

赵佶《红蓼池塘图》

绢本设色 纵 132.9 厘米 横 68.3 厘米 现藏故宫博物院

宋徽宗和他所设立的翰林图画院画家，开创了院体花鸟画的一个时代。工笔设色，富丽精致，极具写生效果。追求真实美，是其特色。

雕塑的风貌

宋代雕塑，大都集中在寺院的佛像雕塑上，偶尔也有一些生活雕塑。不论是何类题材，宋塑的基本特征是写实，具有和善、人性化的特点，与宋代绘画的精神是一致的。

宋代妇女剖鱼砖浮雕

纵 34.1 厘米 横 24.1 厘米 河北巨鹿出土 现藏中国国家博物馆

雕塑刻画了一位家庭妇女在案前剖鱼的情景。

晋祠圣母殿侍女彩塑

太原晋祠位于城西悬瓮山，是一处道教祠观，圣母殿建于北宋天圣间，有宋代彩塑 43 尊。这尊侍女像表现了宋代妇女仪容姿态之自然，动态之优美，是借宗教偶像表现现实人物的出色造像。

济南长清灵岩寺的40座罗汉像，有32尊塑于宋神宗年间。罗汉为坐像，高1.6米，略高于真人。年龄、相貌各不相同，有胡人有汉人，神态既异，动作表情都各具特点，应当是北宋时社会人群的集中体现。位于河南巩义市境内的北宋皇帝陵，地面上的石像基本保存完好。宋陵位于嵩山北麓和洛河之间的丘陵与平地上，共七个皇帝陵墓及众多的陪葬墓。经金朝以后历代的破坏，鹊台、乳门、陵台、后陵等地面建筑皆已不存，但仍保留550余件神道石刻。这些石刻雕像，无论是动物还是文武朝臣、外国使节，都塑造得浑厚朴实，局部刻画、细节处理，均较前代精密真实，体现了宋代石刻的风貌。

重庆大足县石窟，开凿于五代，成形于南宋。隋唐以来盛极一时的营造石窟活动到宋代已进入尾声。西北丝绸之路不通，宋人在敦煌石窟中的造像也很少。南宋人的佛教造像则转移到了四川。大足石刻遍布三个山头，共有石刻造像五万余尊。其中宝顶山和北山即宝岗山最为著名。宝顶山造像始于南宋孝宗淳熙元年（1174），其时宗教艺术已世俗化，这里的雕塑题材虽仍是佛教故事，但所塑菩萨、罗汉、天王均与普通世人无异，故事情节大为浓重，仿佛连环图画。雕塑风格则转精转细，华丽秀美。而在东南的杭州，武林山下灵隐寺前，还存在另一处南宋佛像雕塑群，就是飞来峰石刻。在一座不大的小山的洞穴间，遍布五代以来陆续刻成的摩崖雕像340余尊，其中北宋的卢舍那佛、南宋的布袋和尚雕像尤为有名。而喜笑颜开、袒胸露乳的弥勒佛是飞来峰所雕最大的佛像，以其笑容可掬的造型深受人们喜爱，是宋代摩崖石刻的代表作。

科技篇

指南针的实际应用

中国人发明的指南针，在北宋时期已应用到远洋航行中。北宋前期尚未闻指南针的出现。宋仁宗康定间（1041—1042）曾公亮所著《武经总要》记载在行军中，“若遇天景曀霾，夜色暝黑，又不能辨方向，则当纵老马前行，令识道路。或出指南车及指南鱼，以辨所向”。其后载明指南车法世已不传，而指南鱼则用薄铁制成，记载了制作指南鱼的具体方法。到北宋的中期，著名科学家沈括在他的著作《梦溪笔谈》中始介绍了指南针：“方家以磁石磨针锋，则能指南。然常微偏东，不全南也。”所谓“方家”，就是当时以看风水为业的堪舆家们，由于职业的需要，他们普遍使用磁石

中国风水师使用的罗盘

在指南针发明之前，司南或罗经盘是辨别南北方向的主要工具。

磨针，使之指南，以辨方位。沈括还介绍说，磁针可以放在水中、手上或小碗里，但最好是把它悬空固定，如用茧丝悬挂，取指南针中部的平衡点，这样针常指南，也有指北的。沈括的家中，指南指北的都有。说明沈括在世的北宋中期，指南针已经走进人们的生活中。

水浮法指南针

把磁针穿在灯芯草上，浮水面以测南北。明人《玉芝堂谈荟》记载“世所用惟术家针盘，用水浮针，视其所指，以定南北”。

指南针最迟在北宋晚期就已用于航海。《萍洲可谈》作者朱彧的父亲朱服在徽宗即位之初（1101）知广州，朱彧记载他在广州市舶司的见闻：“舟师识地理，夜则观星，昼则观日，阴晦观指南针。”可见北宋末南海的舟师，于阴晦天气，观指南针航海。宣和六年（1124）徐兢出使高丽，归而作《宣和奉使高丽图经》，也记载“是夜，洋中不可住，维视星斗前迈。若晦冥，则用指南浮针，以揆南北”。可知这时应用于渡海的船舶上的指南针，还是比较灵便的浮于水面上的指南针。

到了南宋以后，宋宁宗嘉定后期担任提举福建市舶的赵汝适所著《诸蕃志》，记载在中国南海的航行时，“西望真腊，东则千里长沙，万里石床，渺茫无际，天水一色。舟舶来往，惟以指南针为则，昼夜守视唯谨，毫厘之差，生死系焉”。表明在南宋中晚期，航海家们的船舶行驶在万里海疆，安危全系于指南针。应当说，指南针应用于航海以后，人类才进入了海上航行的自由王国时代。它的发现和应用，等于掀开了世界史的新篇章。

火药、发火器的发明

火药不是宋人的发明，宋人常以火药用于元宵夜的烟火上。但将火药用于战争，却在宋初就出现了。宋太祖开宝三年（970），兵部令史冯继升进献火药箭法，并令其试验成功。火箭就是把火药制成球状，点燃后用弓箭射出。真宗咸平三年，神卫水军队长唐福进献火箭、火球、火蒺藜，当时已有了火药制成品。仁宗时编成的《武经总要》除记录了火箭、火炮、火药鞭箭等武器，还记录了毒药烟球、蒺藜火球、火炮等三种不同武器的火药配方。例如火药的配方是“晋州硫黄十四两、窝黄七两、焰硝二斤半、麻茹一两、干漆一两、砒黄一两、定粉一两、竹茹一两、黄丹一两、黄蜡半两、清油一分、桐油半两、松脂一十四两、浓油一分”。把这些药物研干捣匀，包好密封之后，用抛石机发射，相当于炸弹的作用。其是否用于战争，尚不得而知。据相关史料，太宗淳化五年（994），宋军镇压成都王小波起义时，曾使用了石机和火箭攻城。靖康间，宋军在汴京保卫战中，曾以霹雳炮击退金人，即以纸、石灰、硫黄制成的炸弹打击攻城者。“夜发霹雳炮，以击敌军，皆惊呼，异日薄城，射退之。”

宋末，火枪火炮等发火器则经常用于战争。发火器的出现，在安全使用火药上有所进步。开庆元年（1259），宋人又造突火枪，以巨竹为筒，内置窠子，用火药的推力把窠子发射出去，以杀伤敌人。窠子类似子弹或枪榴弹，声震如炮。同年，南宋张贵增援襄阳之战中也使用了火枪火炮。广西帅臣李曾伯谈到火炮时曾说：“于火攻之具，则荆淮之铁火炮，动十数万只。臣在荆州，一月制造一二千只。如拨付襄郢，皆一二万。今静江见在铁火炮，大小止有八十五只而已。”可见了宋末使用火炮的情形。

与宋人作战，女真人和蒙古人从战争中学习战争。宋人的火箭火枪火炮之法很快被金、蒙古军掌握，并运用到宋金、金蒙、宋蒙战争中。宁宗嘉定十四年（1221），金兵攻打南宋蕲州，就使用了铁火炮。理宗绍定五年（1232），蒙古军围攻金汴京，金兵从城上发射震天雷，轰炸挖掘地道的蒙古人。震天雷是用铁罐盛药，以火点之，甲铁皆透。蒙古军西征时，火药发火器传入西亚，经阿拉伯人改造后的火器又传回中国，南宋咸淳九年（1273），沿边曾效仿回回炮制造出更新的火炮。

《金瓶梅》第四十二回烟火插图

这是画宋人元宵节观赏施放烟火的情景。南宋词人辛弃疾作词写元宵烟火，也有“落星万点，一天宝焰下层霄”句。

印刷术的提高和普及

刻板印刷起源于唐代，但大规模的刻印书籍，却是五代后唐时的事。五代的后唐国子监曾刻过《贞观政要》和儒家《九经》印卖。后蜀宰相毋昭裔也刻印过《五经》和《昭明文选》，这两件事成为中国刻印书籍之始。入宋以后，刻板印刷飞速发展。宋初曾首刻《大藏经》，共印了五千余卷。继又于太宗时期刻印《五经》正义及四史、《广韵》等书籍。太宗时新编的《太平广记》等三大类书，也刻板印刷后颁行各州郡。《宋史》记载，景德二年（1005），宋真宗视察国子监，阅库书，问国子祭酒邢昺经版几何，昺曰："国初不及四千，今十余万。经传正义皆具。臣少从师业儒时，经具有疏者，百无一二，盖力不能传写。今板本大备，士庶家皆有之，斯乃儒者逢辰之幸也。"前人读书，因书籍全靠传抄而得，所以经书的传疏正义都忽略，不录不读，有了印刷本后，才具备了阅读的条件。印刷术得到全面普及，经典古籍和时人著作大量印行，这对读书人和应试举子的文化素质提高具有重要意义。因此，五代和北宋初期的刻书活动，是中国文化史上的一件大事。

仁宗庆历间，布衣毕昇发明了活字印刷术。其方法是：用胶泥刻字，如木板字，但每字独立为一颗，用火烧之坚硬。另设一铁板，其上用松脂蜡和纸灰之类涂抹。要印刷时就以一铁范置铁板上，密布字印，满铁范为一板。用火烤之，药稍熔，则以一平板按其面，则字平如砥。如果只印两三本，并不很方便，但如果印数十百千本，则速度提高。常用两块铁板，一板印刷，一板布字，十分便捷。这种活字印刷术，不知当时流行情况怎样，毕昇死后，其印字与技术虽然保留下来，但是否已经推广，并不见记载。自宋至清，活字印刷术并未成为中国印刷术的主流。后来在元朝发明了木活字，再后又出现了铜活字，都是在毕昇泥活字的启发下开发的。而欧洲的活字板印刷，比毕昇晚了四百年。

毕昇所发明的泥活字版模型

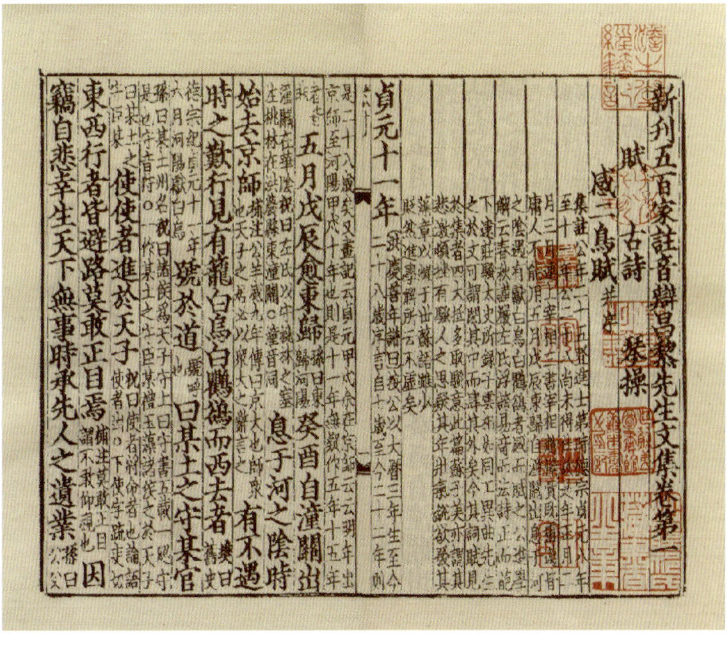

新刊五百家註音辯昌黎先生文集卷第一

賦 古詩

感二鳥賦 并序

貞元十一年，五月戊辰，愈東歸。癸酉，自潼關出，息于河之陰。時始去京師，有不遇時之歎。行見有籠白鳥、白鸜鵒而西去者，號於道曰：某土之守某官，使使者進於天子。東西行者皆避路，莫敢正目焉。因竊自悲，幸生天下無事時，承先人之遺業

宋刻本《昌黎先生文集》书影

天文学的成就

11 世纪后半叶，天文学已取得长足的进展。古代中国的天文学者，致力于制造仪器表现天体的运行。汉代张衡有浑天仪，通过水流推动仪器运转，表现日夜交替星辰出没等天体现象。唐代科学家将水运浑象同计时结合起来，制成开元水运仪象，不但演示天体，还能报时。宋太宗太平兴国中，蜀人张思训制成上浑仪，他的制作与旧仪不一样。最为巧捷的是，下面楼阁数层，高一丈有余，用木偶作为七个值班人，应对日月金木水火土五星七政，能够自动撞钟击鼓。又做十二神，每神各值一个时辰，到了时辰，就手执辰牌，循环而出。这项大制作，后来陈列在皇宫文明殿漏室中。

仁宗时，知梓州燕肃，曾做莲花漏，献于朝廷，后来知清州、颍州，都在当地制作了莲花漏。其漏主要用于计时。仪器制作得十分精密，琢石为壶，剡木为箭，以测十二辰、二十四气。燕肃因梓州在南，其法昼增一刻，夜损一刻。清州稍北，昼增三刻。颍州处在梓、清之间，昼增二刻，夜损二刻。莲花漏和张衡所造浑天仪有异曲同工之妙。又上莲花漏法，诏司天台考于钟鼓楼。金章宗时，司天监张行简曾仿制莲花漏，置于禁中。

哲宗元祐元年（1086），吏部尚书兼侍读苏颂奉命制作浑仪，苏颂既精通律历，受命后推荐吏部令史韩公廉通晓算术，有巧妙构思，于第三年共同完成了历史上第一台天文钟，即水运仪象台。这台水运仪象，造台三层，最上设置浑仪，演示天体，中层设置浑象，观测天象，下层设置司辰，用来准确报时。它使用一台激水的水车转轮，不用人力。时至刻临，则司辰出告，星辰躔度，所次占候，都非常精确，不差晷刻，昼夜晦明，皆可推见，它是前所未曾有过的最复杂的仪器。

1958 年，在著名的科技史专家的主持下，当时的中国历史博物馆复原了这台水运仪象台，现仍陈列在中国国家博物馆中。仪器高 12 米，宽 6.5 米，类似三层楼房的小型天文台。它是根据苏颂等编写的《新仪象法要》一书中的附图复制的，此书也是中国最早的一部天文仪器制作方面的专著。

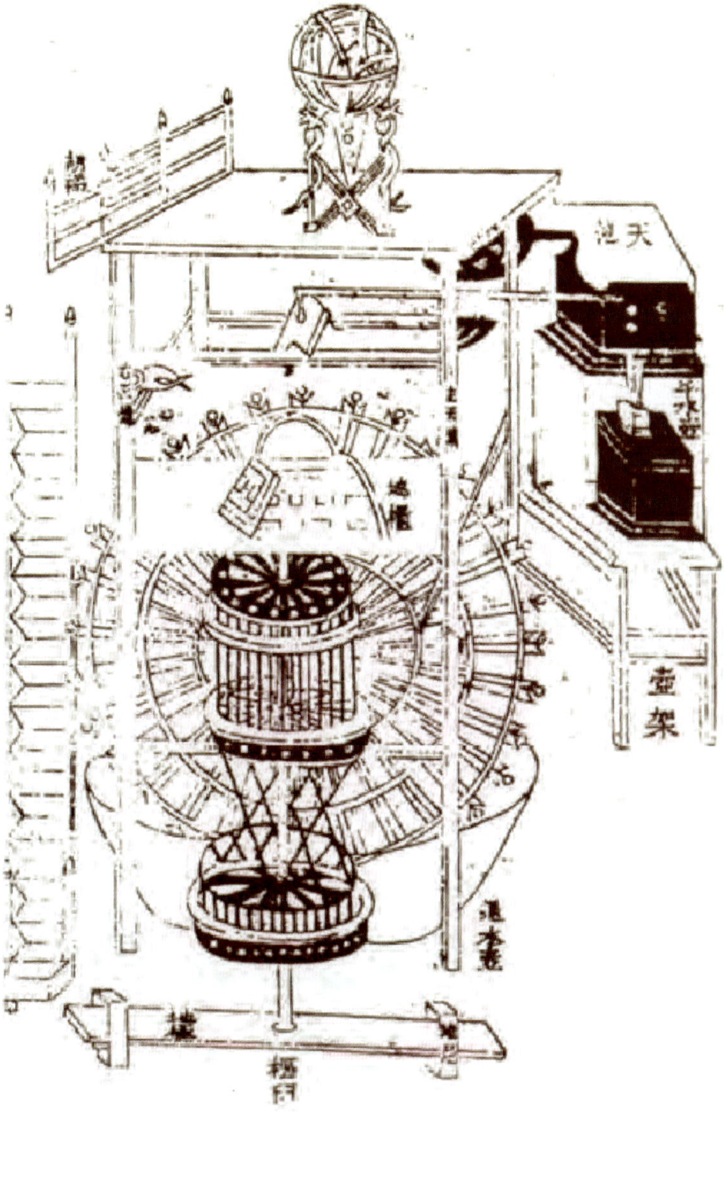

宋代苏颂等发明的水运仪象台

苏颂运用天文学知识和齿轮应用技术，创制这一天文钟，用漏壶的水带动机轮，使仪象及报时器同时运行，并著《新仪象法要》，记载其构造，显示出宋代在天文学和科技方面的成就。

医学的进步和针灸铜人的诞生

医药学在北宋有了新发展，作为医药学的著作，各种《本草》在宋代屡经增补，增添了大量新药。唐高宗时所修的《新修本草》，收药物 844 种，而宋太祖时所修的《开宝本草》，就比唐《本草》增加了 133 种。到了北宋末年由唐慎微编写的《政和经史证类本草》一书更是新增中药 628 种，达到 1746 种。每种药草都绘成图画，附以说明文字，并附有单方三千种。此书在北宋末年和南宋初年深受重视，多次被诏命增订再版，有所谓《大观本草》《政和本草》《绍兴本草》之称。金、元之世，这些医药学著作也屡被翻刻，甚至流传到日本、高丽等国。英国科技史专家李约瑟认为，它比欧洲 15、16 世纪的某些植物学著作高明得多。

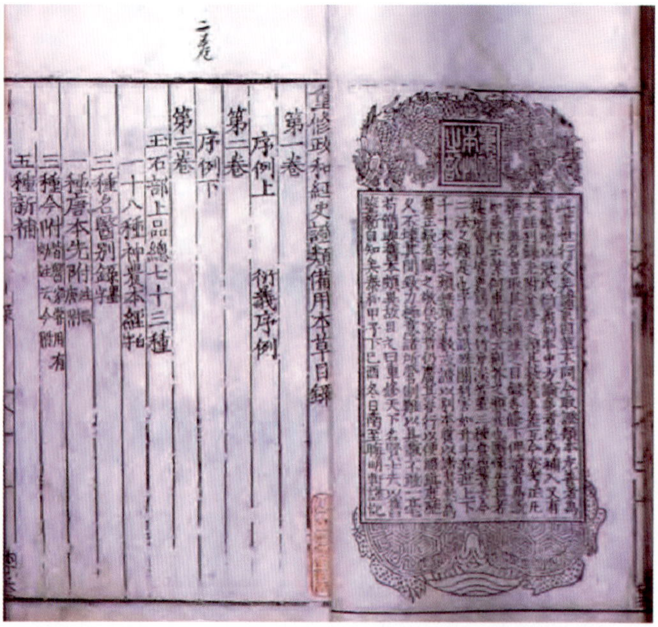
重修政和經史證類備用本草目錄
第一卷 序例上 衍義序例
第二卷 序例下
第三卷 玉石部上品總七十三種

《重修政和经史证类备用本草》书影

此书由提举医学曹孝忠作序，共三十卷。书后有金皇统三年（1143）翰林学士宇文虚中跋，称作者唐慎微字审元，成都华阳人。治病百不失一，为士人疗病，不取一钱，但以名方秘录为请，以此士人尤喜之。

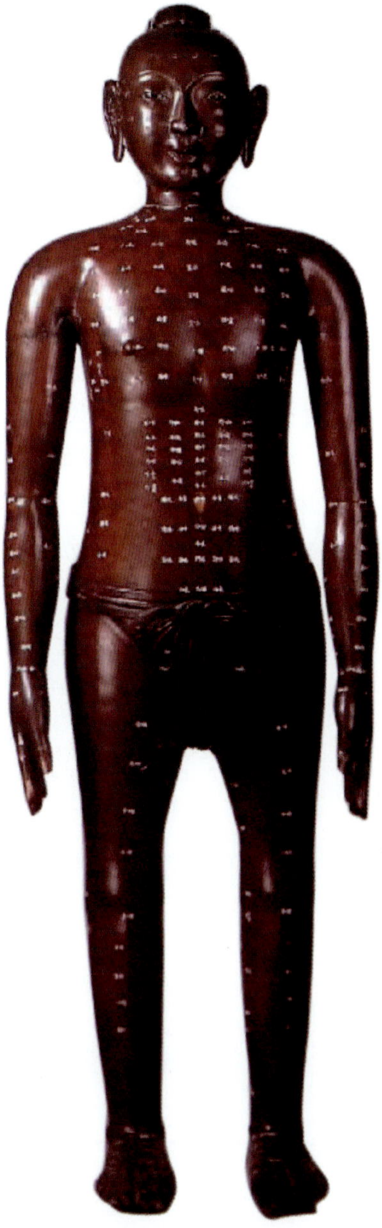

明正统八年（1443）仿宋针灸铜人

高 213 厘米 现藏中国国家博物馆

北宋仁宗天圣四年（1026）医官王惟一奉命用铜铸造空心的人体模型，标注了 559 个穴位，全身共 666 个针灸点。这个铜人的铸成，既适用于教学和考试，也有效防止了穴位的错乱。元代以后，因铜人磨损无法使用，明人制造了这个仿制品，虽为仿制，却完全忠实于宋铜人的形象。

宋代还重视医方的搜集整理，北宋初期，医官王怀隐整理历代医方，撰成《太平圣惠方》百卷，收16834方，刻印行世。宋神宗时，国家成立惠民局、和剂局，售药以济民疾。宋徽宗命医官编成《圣济总录》二百卷，收医方两万个。金灭宋，书板被掠北上，金世宗时曾据板刷印行世。元代和日本也曾翻刻此书。到了南宋，高宗时也曾由太平惠民局出版《太平惠民局方》，共录药方788个。

历代针灸学著作，传至宋代也有不少种，但相互间往往错乱，而且绘图不易，所以针法大都不详。因针灸之法，各书传述不同，俞穴稍差，或害人命。宋仁宗初年，殿中省尚药奉御王惟一用铜铸造了两个针灸用人体模型，一置医官院，一置相国寺。“内分脏腑，旁注溪谷，井荣所会，孔穴所安，窍而达中，刻题于侧，使观者烂然而有，第疑者焕然而冰释。”其直观的效果，对于针灸的初学者，无疑是一种最佳的教具。王惟一还撰写了《铜人俞穴针灸图经》一书，夏竦作《铜人针灸经序》，经批准印行全国各地。

《营造法式》：中国最早的建筑学著作

宋代最早的建筑学著作，当属喻浩所著的《木经》三卷，记录了房屋房梁以上、平地以上和台阶以上三部分的建筑部件的比例、尺寸，其书久佚。喻浩是北宋前期的两浙工匠，曾以都料匠主持汴京最高塔开宝寺塔的建造。据记载，此塔初成，颇向西北倾斜。有人疑问，喻浩回答说："京师地平无山，而多西北风吹之，不百年当正也。"欧阳修誉之为"国朝以来，木工一人而已"。沈括在《梦溪笔谈》中言及《木经》，到了北宋中叶以后，土木之工，益为严善，旧《木经》多不用，未有人重为之。

宋哲宗时将作少监李诫所著《营造法式》，是一部划时代的建筑工程著作。早在神宗熙宁中，就已经由将作监官员编写一部《营造法式》，哲宗元祐六年（1091）成书。但这部书主要记载的是营建房屋各部件的材料，而对于制造标准方法却无记载，难以应用。绍圣四年（1097），遂命将作监丞李诫对此书重加修订，于是李诫考究群书，走访工匠，于元符三年（1100）修订完成新修的《营造法式》三十四卷。此书于徽宗即位后刻印，颁行天下。

《营造法式》一书，分总释两卷，包括对建筑术语的考释。制度十五卷，记载了壕寨、石作、大木作、小木作、雕作、旋作、锯作、竹作、瓦作、泥作、彩画作、砖作、窑作等十三个工程的制度。功限十卷，料例工作等三卷，对各工程的构件、工时、用料等做出规定。图样六卷，记载诸作制度的图样，包括殿阁、屋舍、亭榭等各类建筑及其平面、立面、剖面图，以及门窗样式图案等。它总结了历史上木工工程的制度，也总结了来自实际工程中的经验和方法，即在木工间相传已久的可行方法，汇成此书，为时人和后人按图设计和施工提供了样本。因此，本来极为精详的传世《木经》，已被《营造法式》远远超过。《营造法式》不但保存了宋代的建筑学资料，它的价值也受到后世的推崇，成为我国出现的第一部建筑学著作。

明州保国寺大殿图

原为北宋建筑的遗存，但亦屡经后人的修复，移梁换柱，唯其大殿上檐的木构架，尚存宋代原件，已是国内仅存的宋代木构架样式。

北宋太原晋祠圣母殿外观图

从图片可以看出这是明显的两重屋檐的形制。

习俗篇

服饰趋向适用

宋人服饰丰富多彩，但总体说来，是趋向简洁适用，有天然朴素之美。

天子的冠服承袭唐五代之制，虽有六七种之多，但基本上分为礼服与常服两种。礼服如祭祀中的祭郊庙、祭祀天地、朝太清宫、受册尊号、元日大朝会、册皇太子等用大裘冕、衮冕，正旦冬至及大朝会、大册命、亲耕等用通天冠，南宋以后祭祀服则有履袍。所谓裘冕、衮冕之冕，有冕板，十二旒，贯珍珠。而所服或裘或衮服，各有不同。通天冠二十四梁，附蝉，服以绛纱袍。南宋以后用履袍代替礼服，折上巾，绛罗袍，玉带，系履。天子的常服则有衫袍，赭黄或淡黄袍衫，玉装红束带，皂文靴，用于大宴。又有红衫袍，皂纱折上巾，即幞头，用于常朝所服。南宋以后又服窄袍，或乌纱帽。今日所见旧故宫所藏宋代皇帝像，多服黄袍或红袍，一律直脚幞头，皆为常朝所服。

后妃的服饰，冠饰为龙凤花钗冠或花钗冠，花二十四株或十八株。戴博鬓。衣有袆衣、朱衣、礼衣、鞠衣的名称，袆衣为深青色，上有翟文。

官员的朝服或祭服，多承袭隋唐，变化不大。仅在衮冕的旒数上略有改变。而公服即常服，则一般为幞头，圆领长袖袍服，袍长及足，皂靴。皆无装饰。区别仅在于服色、革带或鱼袋。元丰改制后，四品以上服紫，六品服绯，九品服绿。服紫、绯者佩鱼袋。公余便服则与文人服饰相同，多为软脚幞头或方巾，或戴帽，袍服或上衣下裳，束带。南宋初多服紫衫，后服凉衫即白衫，进士与国子、州县学生服白布襕衫。

宋仁宗曹皇后像

纵 172.1 厘米 横 165.3 厘米 现藏台北故宫博物院

这是曹后的礼服坐像，两侧各有一名亦着礼服的宫女，为其他后像所无。曹后头戴九龙花钗冠，耳后插博鬓，面有纱幕，身着绣有雉鸡的翟衣，当是垂帘听政时情景。两侍女幞头插花，下垂脚，一捧长巾，一捧唾盂。

《清明上河图》（局部）

此为汴京繁华街道上情景。右侧三人为僧服道服书生服形象，身后二人乃普通市民服饰，短脚幞头，上衣着裤。衣或黑或白，一人将上衣系在腰上。而上方数人，服饰相同。

庶民及商农各界人士，戴幞头，或戴帽裹巾，服白黑二色服，多为上襦下裤，束带，所谓短衣打扮。妇女服饰，与前代相比，变化尤大。无论宫中还是民间妇女，多喜着冠，或蒙巾包髻。巾冠多珠饰插花，而面上花钿绝少。衣着则为上衣下裙，衣多为窄袖罗衫，披帛。劳动妇女则上衫下裙或裤。

宋代兴起一种外衣名为背子，男女通服，而女性为多。身着背子的妇女，尽显女性苗条修长清新的体貌，一改唐人肥腴浓艳之风，对后世影响极大。

刘宗古《瑶台步月图》（局部）

中秋佳节，明河倒映，皓月当空，在一处高台之上，三名身着背子的妇女，一人执杯，两人捧盘，又两名侍女，一擎壶，一侧立。执杯者应为主妇，捧盘者虽与女主人衣着相同，但似为主人之妾，而两名侍女，有系腰巾带，地位与三人明显不同。

饮食文明

两宋时期，玉米和薯类作物尚未传入中国，宋人的主食是面类和米类，已无异于今日，而面食和米饭所繁衍的食品种类较前代更加繁多。就主食而言，北方以粟麦为主，南方以稻米为主，在北宋时期成为主要特征。南渡以后，随着北方人口南迁，南方单纯食米现象有所改变。面食在宋代，主要可分为烤煎类、水煮类和蒸食类。烤煎类如烧饼、油饼、胡饼、糖饼，当时所谓门油、菊花、宽焦、侧厚、髓饼、满麻之类，汴京海州张家、郑家最盛，每家都有五十余炉。水煮类如汤饼、汴京所售软羊面、桐皮面、插肉面等，临安面食店的猪羊庵生面、丝鸡面、三鲜面，这些是面片、面条，或馄饨、馉饳等饺子、馄饨类食品。蒸食类，如蒸饼即馒头，带馅的包子，虾肉包子、糖肉馒头等各种带馅食品。稻、粟的食用，主要是煮饭和熬粥。两宋时期，无论南北，粥的种类极多。临安的米粥就有七宝素粥、五味肉粥、粟米粥、糖豆粥、糖粥、糕粥。另外，南方多糯米食品，各式各样的米糕、粽子、米线，一直流行至今日。

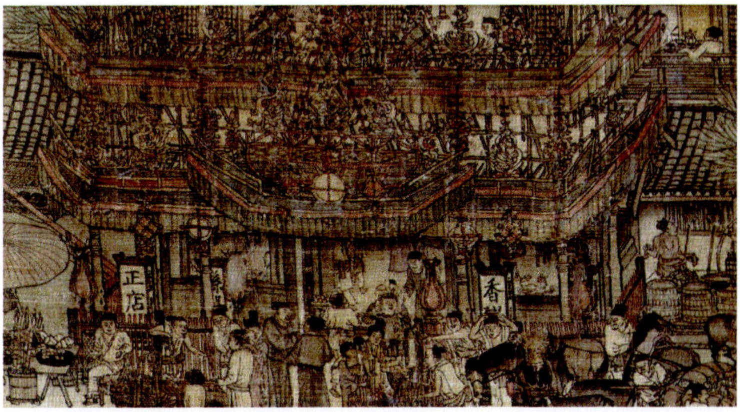

《清明上河图》（局部）

汴京有杨楼、樊楼、八仙楼等著名酒店，食客常至千余人。此画中，孙记正店就是一座大型酒楼，楼前搭建着欢门彩楼，装饰着鲜花。门前挂着香醪的招牌，楼上多人在饮酒用餐，门前栅栏外也是各种临时买卖，人来人往，一片繁华热闹景象。

蔬菜副食品种类众多，丰富了宋人的饮食。南北方各地所产蔬菜品种不同，大致如生菜、莴苣、姜、葱、韭、蒜、茄、黄瓜、山药、萝卜、芹、蕨、菘、芥，以及各种菌类。南方冬季产菜，北方则多靠腌渍加工。肉类和水产品在宋人食品中也占有一定比例。南北宋从宫中到民间，都重视食用羊肉。神宗时，宫中御厨一年使用羊肉43.4万斤，猪肉仅0.4万斤。吴中产羊不多而价高，有人作诗说："平江九百一斤羊，俸薄如何敢买尝？只把鱼虾充两膳，肚皮今作小池塘。"汴京和临安的肉禽水产制品种类亦极多。汴京州桥夜市上出售的爊肉、干脯、肚肺、鳝鱼、腰肾鸡碎、羊白肠、批切羊头、旋炙猪皮肉、野鸭肉、水晶鲙之类，种类之多，令人目不暇接。而临安的一些名肴，也因北方人口的南迁而转移，如宋五嫂鱼羹、李七儿羊肉、王家奶房等，深受南方人的喜欢。

调味品增加而烹饪技艺较前有了较大的提高。例如面条和各类面饼的区别，凉面、酱的发明，甜食种类的增加，食用油急火烹炸炒煎等的改良，等等。

饮品中茶、酒的普及和其他饮品如临安诸般水名的出现，即记载中所谓漉梨浆、椰子酒、木瓜汁、皂儿水、绿豆水、卤梅水等饮品，都是饮食文明产生的新成果。

宋人《春宴图》（局部）

绢本设色 纵26厘米 横515.3厘米 现藏故宫博物院

此图旧称《十八学士图》，此部分所表现的是文人围案宴饮时侍从预备酒食的忙碌景象，由此可见宋代文人聚集宴会的热闹场面。

休假和节日庆祝

两宋官员正常的休假，公假在元丰以后，每年是七十七日。主要节日如元日、寒食、冬至各休七日，天庆节、上元节和天圣节、夏至、先天节 、中元节、下元节、降圣节、腊日各休三日，立春、人日、中和、春分、春社、清明、上巳、天祺、立夏、端午、天贶、三伏、立秋、七夕、秋分、授衣、重阳、立秋各休一日。宋代官员又有每十日即旬日休假一日，全年共三十六日旬假。休假日一般官署停止办公，即休所谓休务假。此外还有官员的国忌假等其他休假。绍兴末年，曾有官员说：“著令：诸休务假，一岁之间，百司七十有七日。天下之务萃于朝廷，非百司比。而比年朝廷假故多于百司三分之一，又有前后相因为例，不入省者。”可知宋朝休假的数量相对较多。

除了官吏的休假，其他公职人员也都有休假。如诸军将校、学校师生以及丁夫、囚徒等也都各有休假制度。从事各类体力劳动或技术工种的工人、工匠，也各有自己的休假。宋真宗时规定，铸钱工匠有旬假，即全年休三十六日。“一年之内，除节假旬假，实有三百日。”哲宗时，“上批：‘为暑热，应在京工役去处，并放假三日。’”宋代有一百余万军人，数万官员，数十万胥吏，还有数以万计为官府服务的工匠，总的说来，休假数相当不少。

宋代的节日也很多，大致分三类：一是皇帝的生日，称为圣节，二是宋真宗、徽宗崇尚道教所创立的道教节日，三是传统的节日。宋代每逢皇帝的生日，垂帘听政的太后的生日，都要举办大型的庆祝活动，如僧道的法事活动，宴会和歌舞活动，寺院的剃度和颁发师号活动等。各州郡也要举办类似的庆祝活动。真宗、徽宗创立了天庆、天应等十个节日，每逢十节，都要举办祭拜活动，大作道场。

宋人《观灯图》

纵 90.5 厘米 横 60.5 厘米 现藏台北故宫博物院

画面表现的是一个上层社会内宅过元宵的情景：家中张挂灯笼，女主人正与一婴儿戏耍，左侧乐伎三人在演奏。

在宋代，一般民众最重视的是传统的节日。所有节日中，元日、寒食、冬至三大节日最为重要。元日即春节，合家团聚饮宴，亲友之间相互拜年。还有一些重要的庆祝活动，如燃放烟火爆竹，除夕夜的除傩等。徽宗政和间，宫廷中创立了一种驱傩的礼仪活动，除夕之夜，由皇城亲事官、诸班直组成的一千多人的驱傩大军，戴假面具，全副金装甲，彩画衣服，执金枪龙旗，扮相多为将军、判官、门神、钟馗小妹、土地、灶神之类，从宫中出发，分成十二队，一路驱赶着恶鬼，把妖魔鬼怪驱逐出城外。这种仪式盛大而热闹，引来京城百姓聚观。各州郡亦仿京师举办此类活动，这种习俗一直持续到南宋。寒食和冬至节受到宋人的重视，是因为寒食主要是祭扫先人墓地，而冬至则被认为是冬尽春至，是一年中的小年，故宋人庆祝方式亦依春节而规模略有缩减。

《踏歌图》（局部）

南宋马远绘 绢本淡着色 纵 195.5 厘米 横 110 厘米 现藏故宫博物院

画面中小溪疏柳，行人踏歌，衬托着远峰巨石。宋代宫廷舞蹈有小儿、女弟子组成的舞队，表演歌舞节目，并有乐队伴奏。而民间舞队则在节日街头演出。当时又流行踏歌，一面踏地打拍，一面欢唱舞蹈。此图中几个老者即在山间小路上吟咏踏歌，庆祝丰收。

文化娱乐活动

城市的规模扩大，工商坊户的发展，使宋代城市娱乐活动亦呈商业化趋势。瓦舍同时是娱乐和商业中心。

北宋时集中的娱乐活动大都在节日期间。比如上元节汴京宣德门前，御街两侧，随处可见表演的歌舞、杂技、讲史、猴戏，相国寺有猜谜、诗会，民间艺人纷纷演出献艺，成群的舞队，清音、掉刀、鲍老、旱船、象社等等。其他节日也是如此，南宋这种习俗也未改变。

瓦舍勾栏是宋代才出现的专门娱乐场所。勾栏是指舞台或演出场地上的栏杆，瓦舍又叫瓦子、瓦市，即易聚易散的市场。合起来指宋代都市中的文化娱乐剧场。瓦舍勾栏大约出现在北宋中期。《东京梦华录》记载汴京角楼巷一带集中了桑家瓦子、中瓦、里瓦等。桑家瓦子有大小勾栏五十余座，中瓦的莲花棚、牡丹棚，里瓦的夜叉棚、象棚最大，可容数千人。这每一棚大概就是一勾栏。可见规模之大。南宋临安瓦舍勾栏的数量和规模都超过了汴京。城内有南瓦、中瓦、北瓦、蒲桥瓦，北瓦最大，有勾栏十三座。城外有二十座瓦子，如门外瓦子、嘉会门瓦、候潮门瓦等等。

《清明上河图》（局部）

孙羊店外，一个虬髯人正在说书，吸引了十七八个听众围着他，神情专注地听着故事。这表现的是在城市最繁华街道上的说书，尚不是在瓦舍勾栏之中。宋代说话人的话本至今尚有许多流传至今，如平话、小说之类。

瓦舍勾栏中演出的艺术大致可分为说唱、戏剧、杂技三类。说唱就是说话，讲故事，一般讲说的都是短篇小说，至今流传的宋人话本如《错斩崔宁》《碾玉观音》《冯玉梅团圆》等，正话之前有入话。讲史类故事篇幅较长，或者需要连续讲说，吸引听众连日听书。还有小唱、嘌唱、唱赚一类歌唱，鼓子词一类有说有唱的说唱艺术。戏剧则为杂剧、南戏等种类。杂剧在唐人参军戏基础上发展起来，不过末泥、引戏、副净、副末、装孤五个角色，故事以讽刺滑稽为主。除了对白，还要有乐队伴奏。南宋后期的瓦子里还兴起了南戏的表演。南戏又称南曲戏文，是在借鉴了参军戏和杂剧的形式以后发展起来的一种地方戏，歌舞表演的同时增强了故事性，受到南方观众的欢迎。瓦舍勾栏表演的节目还有杂技和相扑等。杂技例如踏球、上竿、踏索以及踢瓶、弄碗、吞针、藏剑，还有马戏、教虫蚁之类。而相扑等体育竞技类项目也变成娱乐节目，其中女相扑不免赤身裸体，甚至到南宋晚期，也仍然存在于临安的瓦子表演中。

因商业的发达和人口的增多，民众文化娱乐的需求扩大。随着瓦子的演出不受风雨寒暑和时间的限制，往往观众爆棚，盛况空前。这里还培养了大量表演人才，各种演出相互交融相互影响，也逐渐形成了中国戏曲和曲艺表演的不同流派。

婚姻风气

宋代随着商品经济的活跃，婚姻观念及相关习俗亦发生变化。上中层社会从重视门阀转向看重科第财富，下层社会则看重身世清白，人物相当。宋代既以官僚制度取代唐代的门阀制度，讲究门第的婚姻观念不再盛行，代之的是择婿贵进士的观念。宋人往往“于榜下择婿，号脔婿”，看中的是进士的做官前程，所以新科进士往往是达官贵人争夺的对象。而富裕阶层婚姻论财，“今之俗，娶其妻，不顾门户，直求资财”。司马光曾说：“今世俗之贪鄙者，将娶妇，先问资装之厚薄。将嫁女，先问聘财之多少。”这其实是宋代一种务实风气的体现，反映了社会发展所带来的变化。下层社会婚姻的选择面虽小，但也主张身世清白，人物相当，郎才女貌。

宋代婚仪简便，婚礼多样化。从古礼的纳采、问名、纳吉、纳证、请期、亲迎，到宋代已简化为纳采、纳币、亲迎三礼，即求亲、纳财礼、迎娶三道程序。而实行起来，婚礼仍很繁缛。比如从开始的相亲，到娶妻入洞房，经历了换帖、铺卧、坐花轿、撒豆谷、拜庙或交拜、喝交杯酒等过程，其中有些形式，是唐代婚俗所不具备的。比如相亲，男子可亲往女家相看，看中了有插钗子之说。南宋男女双方甚至可以在园圃或湖舫中相见。为新房铺设被褥卧具也是前代没有的新礼仪。娶亲的花轿代替了以往的花车，夫妻交拜、喝交杯酒等也是宋代才有的礼仪。

宋人的法定成婚年龄，宋初延续唐人的男十五、女十三规定，为革除早婚之弊，宋人改为男十六、女十四，于是成为宋人的法定婚龄。虽法定婚龄仍较低，但宋人晚婚者也不少。因社会崇尚奢侈，婚嫁的费用大增，许多富裕者亦难承受，以致出现“破产以嫁子”的现象，所以晚婚者不在少数，婚嫁失时成为普遍现象，有些人为了应对科举，年四十不娶，有人年七十三尚未娶。

宋代已婚妇女改嫁合法。理学家程颐虽说过妇女“饿死事极小，失节事极大”，但他的侄媳妇和外甥女都曾改嫁，王安石儿媳庞氏、岳飞妻刘氏、陆游妻唐氏、赵明诚妻李清照也都是再嫁之妇，民间女再嫁之事更是极为平常。夫死妇守贞，立牌坊以鼓励，那是明清以后的事。洪迈的《夷坚志》是反映宋人社会生活的故事集，内载妇女改嫁者 55 人，三次改嫁者 6 人。

敦煌壁画中的婚娶图

此图描绘西北地区的一场婚礼，青幔为帐篷，外设围屏。屏内站着新娘、伴娘和新郎，而主人在屏外接待宾客。青幔帐篷内已有客人入座，等待喜筵开始。显示了宋代简朴而实用的婚礼习俗。

缠足：妇女的时尚

从北宋以来，妇女多以缠足瘦削为美，这一风俗逐渐由宫中传入民间。然宋代缠足并不向下弯折，仅是足趾上屈，成新月状。其起源据载是五代的南唐。南唐李后主有宫女窅娘，善舞。后主做六尺莲花台，让窅娘在莲台上起舞。窅娘的脚被帛裹成纤小状，脚趾上屈，形成上弯的新月形状。宋人以为美，纷纷效仿其裹足的形态。先是在北宋宫中形成模仿秀，后来娱乐界主要是从事歌舞的乐伎多效仿之，逐渐在上层社会的妇女中流行，成为时尚。这和“宫样妆”引领时尚全然相同，弓靴也是由“宫样靴”演化而来的。到了南宋末年，妇女裹足已经相当普及。当时妇女平日都用素罗裹脚，日常生活中就有裹脚布，外穿罗袜，着弓鞋。20世纪末，江南一带包括江西、江苏、浙江、福建发掘出土的南宋晚期妇女墓葬，随葬物品多有裹脚布、素罗袜、弓鞋，而随葬的墓志也多为士大夫家中的妇女，表明她们都是以裹足为时尚的。特别是江西德安的一处妇女墓葬，竟然出土一具皮肤具有弹性的完整女尸，其双足形态正常，仅足趾上翘，是宋代妇女裹足的真实写照，印证了宋代文献记载中“弓纤”“弓弯”“弓履”以及“金莲”之类用语，只是宋代妇女裹足风尚的形象化词汇。即使不裹成弓弯以便于舞蹈的宫女，也在南宋末期，“裹足纤直，名‘快上马’”。

裹足妇女所穿弓鞋

1974年衢州史绳祖夫妇墓出土银制弓鞋，从尖头到鞋跟才长14厘米。妇女缠足，南北宋宫中、民间渐有流行，妇女脚小，多穿着弓鞋。其形态，是将足趾束成上翘状。

历来评论中国妇女裹足问题的政界学界人士，都认为裹足是对妇女的生理和心理上的摧残。但由于他们对宋代妇女裹足的形态很少认识或认识不清，所以就和清代以来那种缠脚向下、屈折脚掌骨的变形变态的缠足全然混淆起来，谴责宋代是近代摧残妇女的缠脚的始作俑者。其实宋代妇女的裹足，应该是一种追求完美的时尚，下引《杂剧人物图》中的女优，和元代《王氏农书》中插秧图中携儿担担送饭行走在田陇间的妇女，也都着弓鞋，想必都已裹足，却不误表演与劳作，可见宋代裹足对女性身体影响不大。这与清代专以摧残女性为美的缠足妇女大门不出二门不入不尽相同，似乎不应相提并论。

宋人《杂剧人物图》

纵 24 厘米 横 24.3 厘米 现藏故宫博物院

此宋杂剧中的一个角色，虽着男装，而足下仍旧是上翘的弓鞋，显为缠足者。宋代妇女缠足风俗，先在宫中和女优中流行，到了宋末，已经流入上层社会的妇女人群，到了元代，一些劳动妇女也已缠足。

宗教篇

佛教的影响

佛教是宋代第一大宗教，宋初削平诸国，僧尼统计为6.7万余人。真宗时，全国有2.5万个佛寺，僧尼40余万人。其中河北最多，余则江、浙、福建和四川最多。宋真宗天禧五年（1021），僧39.7万余人，尼6.1万余人。江、浙、福建僧尼数占天下一半。到了宋仁宗庆历二年（1042），全国有僧34.8万余人，尼4.8万余人。

宋朝采取比较宽松的佛教政策，即使有所限制，也是为了保证从事农桑的劳动力不至过度减少而采取经济限制的措施，例如停售度牒等手段。度牒是宋代为僧为道的一种凭证，由官府发给。据记

杭州飞来峰宋代所凿佛像

辛更儒摄

飞来峰在灵隐寺前，其中佛像始建于五代，历代多有续建。今尚存佛像340余尊，不少为宋代所建，是除了四川大足之外又一个研究宋代佛像的主要场所。

载，宋英宗治平四年（1067）发放度牒千道，用于籴谷赈济。明年即神宗熙宁元年，知谏院言，祠部遇岁饥河决，卖度牒，以佐一时之急，请求度牒减半。这是宋代出售度牒的开始。此外，赐僧人师号和紫袈裟，也要收取费用，两者都用于缓解财政压力。如在南宋中期，一道度牒价值达八百贯，而度牒、紫衣各十五道，折银三百两。

而整个社会，从宗室到平民，都对佛教产生了浓厚兴趣。佛教影响之大，居所有宗教之首。宋真宗崇信道教，但他的第七女申国长公主却不茹荤，乞削发，真宗特予准许，赐号报慈正觉大师，并为她修建了崇真寺。一时宗室近戚及掖庭嫔御，愿意为僧尼的达三十多人。南宋第二个皇帝孝宗十分佞佛，即位前就和径山寺僧宗杲关系密切，即位后曾书写妙喜庵的匾额赐之，宗杲示寂后，追赐其大慧禅师的称号。他多次把一些名僧召入宫中，听其说法，还多次亲临寺院礼拜佛祖菩萨。他很崇拜《圆觉经》，曾亲自注释此经。他还曾主张“三教本不相远，特所施不同。……以佛修心，以道养生，以儒治世可也”，受到史浩、程大昌等朝臣的反对。朝臣中佞佛者也大有人在。王安石晚年在金陵，把他所居住的半山园捐献做寺院，又把几百亩田地捐献给报宁禅寺做寺产，以求得其父母及早逝儿子的功德。至于民间，普通民众，则信奉“舍财可以邀福，修供可以减罪”，被称为“愚民无知，佞佛过当”。福建、杭州，乐供好施，奉佛惟谨。甚至“炼臂、灼顶、截指、断腕”以奉佛。相州摅县、邢州龙冈县都有舍身台，在悬崖之上，有人为了奉佛，舍弃生命，投崖坠谷。

苏州云岩寺虎丘塔

虎丘塔建成于建隆三年（961），原为内砖外木楼阁式塔，现仅存宋代砖塔。据载，南宋嘉定间，宰相史弥远建言寺院确立等级管理，有五山十刹之说，余杭径山，钱塘灵隐、净慈，庆元天童、育王五寺及钱塘中竺、湖州道场等十寺被定为五山十刹。

道教的兴盛

道教在北宋一度衰微，但在宋真宗和徽宗的推崇下，曾有复兴之势。北宋初年，道教时罕习尚，唯江西、剑南人素崇重。真宗自称梦见神人，伪造始祖赵玄朗是道教人皇九人中之一人，传授天书，封禅泰山，于大中祥符二年（1009）下诏天下各地遍造天庆观，一时道教势力大增。真宗天禧五年（1021），全国道士人数达 1.9 万余人，女冠 731 人，到了宋仁宗庆历二年（1042），全国道士数保持在 1.9 万余人，女冠 522 人。但即使皇帝亲自崇教，道士女冠仍仅及僧尼数的二十分之一。北宋晚期，徽宗尊崇道教，自号道君皇帝，将佛教沙门改为德士，佛寺改为道观，宠信道士林灵素等。

泉州老君像

像在泉州北郊清源山麓，高 5.1 公尺，由天然巨石雕成，为宋代所开凿。老君盘足屈膝，眺望远方。以写实的手法，表现人物的庄严凝重，长髯飘洒，给人一种与天地同寿的感觉。

史书记载：道士集会，徽宗为设幄其侧，林灵素据高坐，所言杂以滑稽媟语，上下大哄笑。当时道士还有俸禄，每一宫观给田不下数百顷，道士皆外蓄妻子，置姬媵，美衣玉食者近二万人，一会殆费数万缗。北宋末，金军攻打开封，钦宗用方士郭京招募六甲正兵七千七百人迎敌，受到女真铁骑攻击，六甲神兵不战而溃，迷信道教的宋徽宗父子也做了俘虏。

道观在两宋还起着充当各代皇帝神御殿的用途，即供奉拜谒诸帝的神主、画像，后来道观的这一作用集中到景灵宫，两宋都以景灵宫为追荐诸帝亡灵的场所。而两宋的大臣或宗室戚里功臣也有所谓的功德寺观，大都由现成的寺观改建而成，其功能则同于景灵宫，不过规模较小。

南宋以后，道教势力益衰，民间为消灾避祸，经常请僧道作醮。家人死去，也请僧道诵经超度，设斋作醮，以资冥福。出葬时请僧道前面导引。宋人往往认为“老氏之教，有君臣之分，尊严难犯，报应甚捷。故奉老氏者，倍加恭敬，不敢亵渎，此释氏之所不如也”。

金朝后期，道教流派之一的全真教兴起，全真教传人丘处机受到蒙古国大汗成吉思汗的接见和尊重。当时蒙古军蹂践中原，河南北受破坏惨重，民众遭受俘戮，无处逃命，丘处机派其教徒招纳于战乱之中，使奴隶重为良人者二三万人，全真教由此兴盛。

贵溪上清镇龙虎山上清宫

上清宫是道教正一派祖庭，崇宁四年（1105）始建，宋徽宗赐天师张继先为虚靖先生。

回教与明教

回教即伊斯兰教、清真教，是阿拉伯人穆罕默德创建的宗教。辽、宋皆与伊斯兰往来交流，辽以陆路，宋以海道。汉人极少信奉回教，信仰或传播伊斯兰教的主要是阿拉伯商人。他们进入中国以后，如广州、泉州、扬州等地，都是信奉伊斯兰教的商人集散之地，有些就侨居于沿海城市。随之，伊斯兰教传入中国，广州建有怀圣寺，泉州有清净寺，扬州有礼拜寺。而南宋后期，临安亦建有清真寺。

泉州清净寺

此寺又名艾苏哈卜大寺，是中国最早的伊斯兰教清真寺，建于大中祥符二年（1009）。自宋初开始，中亚大食国即与宋、辽通使，与宋通使多由海道，回教徒因此集中于泉州。

明教就是摩尼教，据说是阿拉伯人摩尼所创，唐时一度传入中国，后来被禁止传播。北宋后期通过海上贸易再次传入中国，在南北宋之交的民间，秘密或公开活动，发展很快，成为中国本土的秘密宗教。《鸡肋编》一书详细记载了明教的传播情况：自福建流至温州，遂及二浙。其法断酒肉，不事神佛祖先，不会宾客，死则裸葬。其教的首领被称为魔王、魔翁、魔母，所以又被称作“事魔食菜”教，官府严厉禁止。北宋宣和间，睦州方腊借助于摩尼教发动起义。“方腊之乱，其徒处处相煽而起”，因此，明教在两宋时期受到取缔。

南宋时期，福建的明教徒还印有《明教经》，把《道藏》中的校定官名衔列其后，在民间发行。烧乳香，食红蕈，士大夫称为“明教斋”。江东饶州、信州山谷间有劫掠道途者，兼浙东、江左自来传习妖教，夜聚晓散之徒，连村举邑。陆游亦认为：南宋中期，江南一带的民间宗教中，明教发展最快，至有秀才、吏人、军兵加入明教，传播其教义。其神号曰明使，又有肉佛、骨佛、血佛等号，白衣乌帽，所在成社。伪经妖像，至于刻板流布，可见流传颇广。明教直到南宋后期，才逐渐销声匿迹。

摩尼教遗址

草庵，在今晋江万山峰苏内村，是仅存的明教即摩尼教遗址。明教崇拜光明，多流行于福建、浙江、江西一带。宋代时屡被禁止在民间活动。

民族篇

契丹和辽国

北宋建立前四十四年，北方民族契丹族首领阿保机已经统一族内各部，宣布建立契丹国。到其继承者耶律德光在位时，趁后晋之乱，取得了长城以南燕云十六州的统治权。世宗时一度改国号为辽，圣宗初仍称契丹，道宗时再称辽。北宋建立时，正是辽第四代皇帝穆宗耶律璟在位的第九年。宋朝建立后，宋、辽两国几经攻战，最后在契丹圣宗耶律隆绪时双方议和，形成澶渊之盟，双方保持了近一百二十年的和平局面。直到女真族建立的金国兴起，与宋形成海上之盟为止。辽国最后被金国灭亡，得国二百一十八年，历经太祖、太宗、世宗、穆宗、景宗、圣宗、兴宗、道宗、天祚等九帝。

《驭者引马图》
内蒙古库伦旗7号辽墓出土

驭马者髡发，窄袖长袍，为典型的契丹人形象。类似引马图在辽墓中多有发现。

契丹族在建国以后，采取胡汉分治制度，“官分南北，以国制治契丹，以汉制待汉人”。所谓国制，即契丹贵族的统治，崇尚简朴。汉制则延续汉地原来的制度。契丹的北面官，治理宫帐部族，南面官治汉人州县、租赋、军马之事，所谓“因俗而治”。草原民族游猎和渔牧的生活习俗都得以保留，但在汉族的影响下，社会形态和经济发展较快。其都城上京临潢府（今内蒙古巴林左旗），“地沃宜种植，水草便畜牧”，于是便把攻打燕、蓟等地俘获的人民迁移安置在这里，与汉人杂居，分地耕种。汉族的耕种技术在这里得到传播，为农业的发展创造了条件。到了辽道宗时，镇州粮食十四年连获丰收，积谷数十万斛，中京大定府（今内蒙古宁城）也积谷十五万斛，“辽之农谷，至是为盛”。而临潢府内也安置了很多汉族工匠，都城出现了布帛绫锦等制作作坊，商贩聚集的店铺、街市也相继出现。

《契丹烹饪图》

赤峰敖汉旗羊山3号墓出土

画中有三个契丹族仆人忙着煮肉。契丹男人的发式是髡顶发，额前、两鬓及脑后留发，与其他北方民族不同。长袍着靴。女子或高髻，或双髻，或包巾，或簪花，其衣着多受汉族的影响。

辽朝的手工业最有名的属铁冶。辽水流域历来产铁，女真族建国号时曾说："辽以宾铁为号，取其坚也。"辽灭室韦和渤海国后，获得了冶铁技术，"室韦其地产铜铁金银，其人善作铜铁器。又有曷术部者多铁。曷术，国语铁也。部置三冶曰柳湿河，曰三黜古斯，曰手山。及平渤海，得广州，本渤海铁利府，改曰铁利州，地亦多铁"。其中手山即今鞍山首山，首山曾发现深达十八米的辽代铁矿坑，尚能考见辽代冶铁业的发展情况。辽代中京和东京辽阳府一带还汇集了不少汉族居民，先进生产技术的传播，使得这些地方很快成为农业和丝蚕、铁冶、烧炭、采盐等手工业的发达地区。

辽代接受汉文化的影响，比如创建契丹文字，吸收佛教和儒学，学习文学和艺术，但仍然保持了自己民族的特色，如在建筑、绘画和壁画方面留下了一些融汇契丹和汉族风格的作品。

《散乐图》

宣化张匡正10号墓出土

画中七人奏乐，一女伎起舞。奏者皆幞头长袍，插花，乐器有觱篥、琵琶、横笛、笙、箫、拍板、大鼓、腰鼓等。描绘了契丹贵族宴饮享乐情景。

党项和西夏

党项原是羌族的分支，因受到同是羌族的西藏吐蕃的逼迫，逐渐迁往今甘肃和陕西北部一带。唐末，党项族拓跋氏曾参与围攻黄巢起义，被唐朝政府赐姓李氏，册封为夏国公。这支部落遂占领河套以南，据有银、夏、绥、静、宥五州之地。北宋初，拓跋部首领李继捧挈家入宋，留居汴京，宋太宗便企图消灭党项族的割据势力。但李继捧弟继迁却联合不愿依附宋朝的党项各部，结辽国为外援，辽封李继迁为夏国王。后李继迁攻占灵州，并在其地建立夏国。到了宋真宗在位时期，党项各部族都已归附李继迁，党项人口也已发展到数十万帐。

宋仁宗天圣十年（1032）李元昊继任西夏王。他是一个颇有野心的人物，即位后，打败吐蕃，攻打回纥，占领河西走廊，“东尽黄河，西界玉门，南接萧关，北控大漠，地方万余里，倚贺兰山以为固”，占据二十二州土地，仿北宋政权，制定官制兵制、文字，建立年号，在兴州（银川）自称大夏皇帝。

西线安定后，李元昊于宋仁宗康定、庆历间连续发动对宋战争，且屡屡取得胜利，以致北宋不得不常年在西部派驻二十万禁军，但仍然在战场上遭遇败绩，甚至一次战役死伤被俘万人以上。但终因北宋是大国，经济实力雄厚，夏国在战争中也损失惨重，而且边境贸易中断，宋朝每年赐予的银、绢也都停止，迫使元昊不得不在庆历四年（1044）与宋重订和议，取消帝号，由宋册封为夏国王，而北宋亦每年给予西夏银七万两、绢十五万匹、茶三万斤作为补偿。宋夏战争结束后，夏国周旋于宋、辽之间八十余年。金灭辽和北宋之后，其又依附金国八十余年，最终被蒙古国所灭亡。西夏立国一百九十余年。

西夏供养人像

供养人头戴桃形冠，插花、钗，脑后披短发。交领窄袖袍，两侧开衩，内系褶裥罗裙。线描为折芦描或鼠尾描，颇具写实特征，是西夏现存人物画的佼佼者。

党项族本也是游猎民族，与境内的吐蕃、回鹘族居民一样从事的是游牧活动。其畜牧业主要在银、夏、盐州以北一带，饲养的牲畜主要是马、驼、牛、羊，而马是与北宋边境贸易的主要畜产。在吸纳了众多汉族的地区，比如甘、凉、肃等州以及灵、兴州，农业生产则成为主要经济部门。西夏人善于兴修水利，汉、唐以来，就有许多灌溉用的水渠，而西夏已有六十八条水渠，可用来灌溉的土地达九万顷。尽管如此，西夏的粮食生产仍然不能满足居民的需求。西夏的手工业则以畜产品和盐州盛产的青白盐为主。西夏的对外贸易以北宋为主，而与辽的贸易额则较小。在文化上，西夏有自己的文字，并能将汉文经书和佛经译成西夏文。

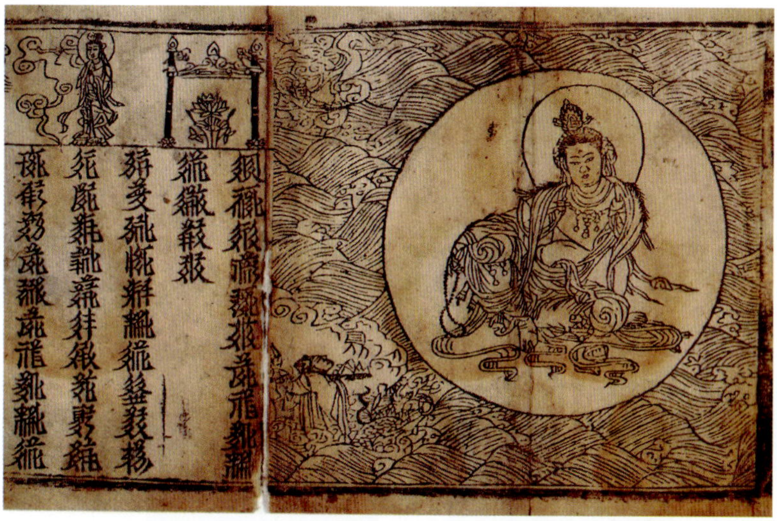

西夏文刻本《妙法莲华经》书影

西夏吸收汉藏文化，弘扬佛法，翻译了数以千卷的大藏经。

女真与金国

女真原为东北黑水白山之间的靺鞨族，唐朝时曾在宁安建立渤海国，被辽灭亡后，女真族已开始使用自己的族名。辽人为统治女真族，把族内豪右数千家徙移到辽阳南，编入户籍，称其为熟女真，而女真人在粟末江（今松花江）以北、宁江州（吉林五家子）之东，地方千里，户口十余万，不入辽人的户籍，被称作生女真。到了11世纪中叶，生女真主要部族完颜部徙居今阿城附近的安出虎水（今阿什河）定居。这里土地肥沃，适于耕种，完颜部生息养育，并烧炭炼铁，逐渐壮大起来。到12世纪初，经过女真族内不断的攻伐征战，各部族由分散渐次统一，完颜部成为生女真的领袖。因不堪辽人骚扰、压迫和勒索，女真各部在完颜部酋长阿骨打的统领下举兵反辽，并在宁江州和出河店大败辽军。第二年（1115）即正式建立金国，立号开国元年。此后，金人陆续攻占了黄龙府，在这里打败了辽天祚帝亲征所率领的十余万大军。公元1120年，金人攻占辽上京临潢府，两年后，辽的中京大定府、西京大同府、南京析津府（即燕京）也都先后被攻占。公元1125年，俘获辽天祚帝。

金代祭器开国石缸

阿城旧皇帝寨附近出土 现藏阿城区龙江龙博物馆

缸的四周浮雕龟、鹤、鱼龙等图案。下阴刻“承命建元收国，庚子日典祀”。金太祖阿骨打在公元1115年正月初一壬子，宣布即金国皇帝位，建元收国。庚子应为正月二十九日。此缸浮雕及文字古朴。龙首鱼身一沉于水，一冲于天，表达女真族翻身解放、一飞冲天的气势，龟鹤万年则喻示金朝国祚悠久，显然为金朝建国之初的祭祀之物。收国年号的文字为文物中仅见。

辽亡后，金国即移兵侵宋，于公元 1127 年攻破汴京，俘获宋徽宗、钦宗，灭亡北宋。此后又与新建立的南宋政权经过十余年的争战，于公元 1141 年签订和约，迫使南宋纳币称臣。金国成为“东薄于海，西控于夏，南抵于淮，北极于蒙”的北方强大国家。到了 13 世纪初，蒙古势力扩张，面对更强大的威胁，金国于公元 1214 年将首都迁往开封。蒙古国在西征结束之后，再次南侵，于公元 1234 年同南宋联军把金国消灭了。金朝立国一百一十九年，历太祖、太宗、熙宗、海陵帝、世宗、章宗、卫绍王、宣宗、哀宗九帝。

女真武夫铜像

通高 6 厘米 1990 年黑龙江省哈尔滨市阿城区出土

女真人是辫发民族，与契丹不同。而女真人辫发形象，绘画和实物流传极少。从中可以清晰见到女真人剃额前发，脑后梳两条短辫的形象。这完全颠覆了人们想象中的女真人形象。与同样是女真族后裔的清代满族相比，剃额前发是一致的，不一致的是清人留脑后一条长辫子，而其祖先生女真人却是两条短辫。妇女也多辫发盘髻，亦无冠巾。

女真族建国之前，社会形态几乎处于原始社会和奴隶社会之间，及其建国并灭了辽、宋后，吸收先进文化，社会进步迅速。但由于占据了淮河以北大片疆域，女真族开始大批移居华北内地，以屯田为名与汉族杂处，抢夺吞没的土地已占耕地的一半，因此，尽管耕地农民在沉重的赋税掠夺下辛勤劳作，农业生产力始终得不到完全的恢复。而在金国的上京路和辽阳府路，内地农业生产主要由奴婢承担，当女真贵族出卖奴婢，把土地租给汉族农民耕种，奴隶占有制已不能继续维持下去。

金国的文化建设，一方面倡导女真族与汉族融合，另一方面又强调保持女真族的旧俗。但随着两个民族文化的交流，不可避免的是汉语的流通，以致到金国中后期，女真贵族中人通晓女真语的已经不多。而金世宗之后，女真人读汉人书籍、着汉人服装的现象十分普遍，民族融合已成为不可阻挡的趋势。

蒙古与元朝

蒙古族的前身是生活在今黑龙江上游的额尔古纳河流域的蒙兀室韦，后西迁至同为黑龙江上游的斡难河一带，改称蒙兀。蒙古草原的游牧部落，如克烈部、塔塔儿部、蔑儿乞部、乃蛮部、翁吉剌部、乃蛮部等，都与辽金接触，中原地区的先进文化对他们有较大的影响。常以马匹、皮毛换取铁器和绢帛。南宋宁宗时，蒙古乞颜部贵族铁木真用了十年时间，以武力征服了蒙古诸部，结束了蒙古内部的分裂，于宋开禧元年（1206）在斡难河源召开大会，被推举为蒙古大汗，号称成吉思汗。

元太祖像

铁木真（1162—1227），蒙古族的杰出领袖，自蒙古国建立以后，即凭借武力西征南讨，为统一欧亚的蒙古帝国的建立奠定基础。

蒙古国组建了强大的军队，以其亲信和各部首领为万户、千户和百户那颜，赐以牧地牧民，从其子弟中选拔身壮和有技能的充当护卫即怯薛军，成为成吉思汗对外战争的精锐。蒙古统一后，成吉思汗即向金国发动战争，到了宋宁宗嘉定初，就击破金朝九十余郡，进而围攻金中都大兴府（即燕京），金宣宗被迫向蒙古遣使求和。嘉定七年（1214），金国迁都汴京，燕京被蒙古占领。

元大都遗留的丹陛石

原石长 1.05 米 宽 1.2 米 厚 0.13 厘米 1966 年北京明代城墙遗址处出土

公元 1272 年，元朝建国以后第二年，宣布建都于大都（北京）。这件石刻采用浮雕形式，其中的龙凤等动物图案，明显与汉族传统图像有所不同，当是吸取了西域文化以后的造型，形象十分奇特。

从宋嘉定十一年（1218）起，成吉思汗率蒙古大军进行第一次西征，消灭西辽、花剌子模，打败斡罗思诸部，扩张领土至中亚地带。蒙古西征军返国后，即南下攻打西夏，并于宋理宗绍定元年（1227）消灭西夏。窝阔台继任蒙古大汗后，分南北两路进攻金朝。金哀宗于公元 1233 年（宋绍定六年）从汴京逃往蔡州，明年正月在蒙宋联军的夹攻下，金国灭亡。此后，蒙古又于公元 1235 年（宋理宗端平二年）派拔都、贵由等发动第二次西征，攻占斡罗思，兵锋直达东欧和西亚。公元 1253 年（宋理宗宝祐元年），蒙古旭烈兀发动第三次西征，战败黑衣大食，攻占巴格达和大马士革，扩张疆域至西亚大陆。蒙古军所到之处，焚毁城市，杀戮人民，破坏农业生产。

蒙古灭金以后，随即与南宋进行了长达四十五年的战争，最终灭亡南宋，成为中国第一个由少数民族统治的统一帝国。从南宋宁宗时代到南宋灭亡，蒙古国的建立和元朝的建立，以及蒙元的侵略战争，无一不是和宋朝、金朝的历史相联系，既是世界史的一部分，也是宋金史的组成部分。这一期间蒙元历经成吉思汗、拖雷监国、窝阔台、乃马真后称制、贵由、海迷失后称制、蒙哥、忽必烈八世，历时六十五年。

回鹘、大理

回鹘即唐代的回纥，唐末以后，日渐衰落的回鹘向西迁移，一支在葱岭以西建立哈喇汗国，亦称黑汗国，都城在八拉沙衮。一支迁往河西，附属于西夏。还有一支在高昌建立王国，辽亡之后，附属于耶律大石所建立的西辽。河西回鹘人以游牧和农业为主，主要活动在北宋前期，到了西夏强盛，用兵河西，并把甘、凉、瓜、沙诸州攻占后，河西回鹘便依附于西夏，南宋晚期，蒙古灭亡西夏，河西回鹘不复存在。

高昌回鹘国存在于北宋时期，金灭辽后，原契丹贵族耶律大石率军到中亚，建立西辽，高昌回鹘成为西辽的附属，不复存在。蒙古西征灭亡西辽，西州回鹘被改称为畏兀儿。在其存国期间，其领地西抵龟兹，东达伊州，北越天山，南至塔里木和罗布泊沙漠。其都城高昌，地处吐鲁番盆地，气候温暖，“厥土良沃，麦一岁再熟。

宜蚕”，回鹘人使用橐驼耕地，利用附近的河道，引水溉田。农业和畜牧业都很发达，经常以马匹和兽皮、白叠布、砺石锻造的镔铁、各种玉器等物资同北宋和辽进行交易，换取铜钱、白银、绢帛、茶叶等物资。当地的风俗，仰事天神，兼信佛法。其官僚有八长史、五将军，又有侍郎、校书郎、主簿从事，阶位都仿照辽官而设。

回鹘王供养像

出自敦煌壁画第 409 窟

画面中回鹘国王头戴尖顶高冠，组缨垂领。身着圆领大团龙纹锦袍，窄袖系带，长鞠六合靴。

西州回鹘人迁居高昌以后，曾创造了古回鹘文字，近代以来，在吐鲁番发现了很多回鹘文的雕版印刷品和木刻活字。蒙古人在西征之前也采用回鹘文字母，创制了蒙古文。到了回鹘国的晚期，回鹘人的信仰逐渐改为伊斯兰教。

崇圣寺三塔

三塔位于大理城西北。主塔始建于唐末，十六级。二小塔建于北宋。崇圣寺为大理国佛教活动中心，后毁，三塔独存。

大理就是唐代的南诏，地处云南和越南北部。唐代晚期，始称大礼国，北宋时期已经改为段姓的大理国。“宋太祖鉴唐之祸，基于南诏，乃弃越巂诸郡，以大渡河为界，使欲为寇则不能，为臣则不得”，断绝了与大理国的联系，双方很少来往。北宋神宗时，曾在广西邕州设置买马司，购买大理马。到南宋以后，由于西北道路不通，大理成为南宋马匹的主要出口国。广西的邕州和宜州都置司设官，以金银、彩帛及铜钱购买大理马，每年为三千五百匹。

结语

通过以上讲到的或没有涉及的两宋辽金历史，我们看到了 10 世纪后半期到 13 世纪这三百多年的中国，是处在一个大变革的时期。在这个承上启下的时代里，所发生的一切事变，都是那么合理，都为中国由古代社会更快进入近现代社会做了积极的铺垫。在这漫长的历史进程中，北方的、西北方的强悍民族，每一次大规模的入侵，无数次无情的杀戮，狂暴的掠夺，不仅没能消灭中国悠久的传统文化，相反，在吸收了华夏文明之后，反而迅捷地融入到发展和壮大中华民族先进的经济与灿烂的文明的行列之中。席卷欧亚大陆的蒙古铁骑在掀起漫天风暴之后，也不能不按照这一历史规律行事，客观上担负了统一中国的历史使命。

现代中国是多民族的伟大国家，历尽数千年的发展，才有了再次傲然屹立于世界的大国地位。然而，在八九百年之前，我们也曾创造了像汴京和临安那样繁华的都市文明，把历代累积的科学发现运用到社会生活中；我们也曾在经济发展的同时，创造了文化的璀璨。比如在前代的基础之上，发展了更为周密完善的选拔人才的制度，在诗、词、散文领域，在哲学、史学范畴，涌现出一大批杰出的人物和成果。所有这一切，都可以还原一个辉煌的黄金时代，这就是历时三百年的两宋辽金文明。